Die Spiegelgesetz-Methode®

Praktischer Wegweiser in die Freiheit

ENNSTHALER VERLAG, A-4401 STEYR

Erklärung
Die in diesem Buch angeführten Vorstellungen, Vorschläge und
Therapiemethoden sind nicht als Ersatz für eine professionelle
medizinische oder therapeutische Behandlung gedacht.
Jede Anwendung der in diesem Buch angeführten Ratschläge
geschieht nach alleinigem Gutdünken des Lesers.
Autorin, Verlag, Berater, Vertreiber, Händler und alle anderen
Personen, die mit diesem Buch in Zusammenhang stehen,
können weder Haftung noch Verantwortung für eventuelle
Folgen übernehmen, die direkt oder indirekt aus den in diesem
Buch gegebenen Informationen resultieren oder resultieren sollen.

2. überarbeitete Auflage 2001

ISBN 3-85068-579-9

www.ennsthaler.at

INHALTSVERZEICHNIS

Vorwort

Beim letzten Spiegelgesetz-Workshop erhob sich spontan eine Teilnehmerin und sagte: „Christa, das ist die totale Befreiung, das ist die Erlösung …" Einige nickten stumm und lächelten, andere bestätigten Monika's Aussage mit ihren eigenen Worten. Ich freute mich. Es war mir gelungen, Menschen von der Wirksamkeit des Spiegelgesetzes zu überzeugen. Meinen Glauben an das Einfache habe ich schon seit meiner Jugend. Ich schätze Unabhängigkeit, Autonomie und alles Unkomplizierte – und deswegen halte ich die Spiegelgesetz-Methode in mehreren Punkten für die Beste, um MICH zu erkennen. Weil ich im Spiegel der Ereignisse in meinem Leben, wie auch im Spiegel meines Gegenübers nicht nur meine Lebensfreude, meinen Humor und meine allerschönsten Gefühle wahrnehme, sondern in manchen Punkten auch meine Lieblosigkeit zu mir selbst. Es ist mir bewusst, dass Gott mir die freie Wahl zugesteht, wie ich damit umgehe. Ob ich weiterhin unter meiner eigenen Negativität leiden möchte, oder ob ich mich dafür entscheide, mich davon zu erlösen … zu befreien! In dem Moment in dem ich die unangenehmen Ereignisse in meinem Leben entschlüssle, sie also auf jenen falschen Ursachen-Gedanken zurückführe, der sie hervorgebracht hat, nehme ich Gottes Gabe für mich in Anspruch: Die **Bewusstheit darüber, dass ich es selbst bin,** die nicht nur die angenehmen sondern auch die wenig schönen Tatsachen in meinem Leben herbeischafft.

---

1. Die Anwendung des Spiegelgesetzes beschert mir sofort in der aktuell gegebenen Situation eine Selbsterkenntnis.
2. Ich befreie mich damit augenblicklich aus meiner Opferrolle.
3. Ich bin imstande zu WÄHLEN – anstatt mich meinen unglücklich-machenden Verhaltensmustern zu unterwerfen.
4. Ich finde auf einfachste Art und Weise in jeder Person und Situation das Geschenk für mich.
5. Ich begreife mich als den/diejenige, der/die alles in meinem Leben selbst entstehen läßt.
6. Ich finde Gott.
7. Das Spiegelgesetz anzuwenden, ist kostenlos, rasch, überall und ohne fremde Hilfe möglich.

Seit zwei Jahren halte ich Tages-Workshops im In- und Ausland. Begonnen hat das ganze mit einem Anruf aus München. Eine Frau, die mein Buch „*Schlüssel zum Glücklich-Sein: Das Spiegelgesetz*" gelesen hatte, lud mich ein, nächstes Wochenende nach Innsbruck zu kommen, um dort ein Seminar abzuhalten – was ich auch tat. Mittlerweile hat sich aufgrund meiner Erfahrungen in vielen Workshops eine Grundstruktur herauskristallisiert, die aus vier Teilen besteht. Ich komme noch darauf zu sprechen. Auch ein Wortspiel ist ohne viel Aufwand mitten in einem Seminar entstanden. Es dient als „Klick", wenn es darum geht, „negative" Eigenschaften an sich selbst zu akzeptieren. Im Freundes- und Bekanntenkreis halte ich diesen kleinen Zeitvertreib für eine wunderbare Übung, der *eigenen* Lieblosigkeit auf spielerische Weise ins Auge zu blicken.

Eigentlich hatte ich vor, ein anderes Buch zu schreiben. Aber heute, auf dem Weg zu meinem Garten, kam mir plötzlich die Idee zu diesem hier. Ich bekomme viele Anrufe von Menschen, die von mir meistens nur einen kleinen Schubs brauchen, um die Wahrheit zu sehen: Dass sie es selbst sind, den sich da in Gestalt eines dominanten Ehemannes, einer besserwisserischen Apothekenhelferin oder eines boshaften Nachbarn vor sich haben. Das unangenehme Spiegelbild kann nichts dafür, ein solches zu sein. Oder glaubst Du, Dein Vorzimmerspiegel würde lächeln, wenn DU griesgrämig hineinschaust? Bitte nimm das nicht wörtlich. Mit „griesgrämig schauen" meine ich Deine Unbewusstheit über Dich selbst. Da ist vielleicht eine INNERE Ver-Stimmung, die immer und immer wieder aufgrund eines falschen Glaubens entsteht oder durch Deine Überzeugung, glückliche, freie Menschen seien Egoisten. Da gibt es möglicherweise ein Denkschema, mit dem Du Dir ununterbrochen einflüsterst, keinen Reichtum wert zu sein, und ähnliches. Ein (trauriger, lustloser, vergrämter, zorniger … usw.) Gesichtsausdruck ist bloß die konkrete Folge trauriger, lustloser, vergrämter, zorniger

… Gedanken! Ein Gedanke wird dann zu einer Überzeugung, wenn ich ihn andauernd wiederhole. Genau das tun wir – und zwar so lange, bis uns das Leid über den Kopf wächst, das einzig und allein aus unserer eigenen negativen Einstellung resultiert. Irgendwann, in der Kindheit oder in einem früheren Leben, hat sich aufgrund einer bösen Erfahrung ein negatives Urteil in unserer Geisteshaltung eingenistet … das wir im Laufe der Jahrzehnte vergaßen. Trotzdem schmälert das in keinster Weise dessen Wirksamkeit. Denn mit jedem bewussten UND unbewussten Gedanken vollbringen wir einen geistigen Schöpfungsakt, der uns dementsprechende Tatsachen beschert und vor Augen hält. Wir können daher nur in Situationen geraten, die UNSERE Überzeugungen widerspiegeln. Wir kommen nur mit Menschen in Kontakt, die UNSERE Glaubenssätze bestätigen. Ich finde das so großartig und faszinierend, dass es mich tagtäglich zu aufrichtigem Dank verpflichtet. Ich sehe immer nur MICH – ganz gleich, wohin ich blicke.

Dieses Büchlein möge Dir den entscheidenden, liebevollen Klick geben, der Dich aus Deinem Schlaf wachrüttelt. Es sind nicht die anderen, die Dir das Leben erschweren. Das tust Du selbst. Wir haben in unserer Geisteshaltung derart viele Irrtümer, dass uns die Welt schon lange nicht mehr wie ein Paradies vorkommt. Die Wurzel jeden Übels ist IN MIR. Es ist MEINE Negativität, die Gestalt annimmt. Es ist MEIN Fehlglaube.

Es sind MEINE falschen Überzeugungen, die das Unangenehme in meinem Leben herbeischaffen. Und wenn ich etwas anderes erleben will, dann muss ICH die Wurzel – die negative Erst-Ursache – aus MIR beseitigen. Um sie zu finden, gibt es viele Methoden. Manche dauern Jahre und fordern vom Betroffenen viel Mühe, Schmerz und auch finanzielle Einbußen. Die Spiegelgesetz-Methode dauert nur ein paar Minuten, vielleicht eine Stunde, ist kostenlos und erlöst Dich augenblicklich aus jeder Form von Abhängigkeit. Du bist dann frei zu wählen, was DU aufgeben willst und was nicht. Du bist frei, Dein Leben glücklich zu gestalten und Dich selbst voll und ganz zu umarmen. Willst Du ein glückliches Leben und ein glücklicher Mensch sein? Dann bitte mache Dir bewusst, dass eine Verwandlung Deiner unglückseligen Vorstellung von Dir selbst notwendig ist. Das IST möglich. Ja, es ist sogar augenblicklich möglich.

Ich wünsche Dir Mut und Entschlossenheit, Deinen Blick jetzt um 180 Grad zu wenden: Auf Dich selbst. Ich wünsche Dir Fröhlichkeit und Humor, wenn Du ab nun die Spiegelbilder in Deinem Leben entschlüsselst. Ich wünsche Dir Kraft und Lebensfreude, Erfolg und Glückseligkeit – von ganzem Herzen.

Christa Kössner

1. Ursache und Wirkung

Über das Gesetz von Ursache und Wirkung wurden schon viele Bücher geschrieben. Ich kenne kaum Personen, die verneinend den Kopf schütteln, wenn ich frage: „Habt ihr schon von Ursache und Wirkung gehört?" Ja, wir kennen das Gesetz. Aber sind wir uns wirklich bewusst darüber, dass es auch an uns selbst funktioniert? Anerkennen wir tatsächlich, dass sich jeder Gedanke von uns zum idealen Zeitpunkt verwirklicht? Natürlich existiert ein Qualitätsunterschied zwischen einer flüchtigen Idee, die kurz durch unseren Geist huscht und einem gefühlsaufgeladenen Gedanken, den wir tagtäglich wiederholen. Wenn die Ursache lasch und flau ist, dann ist auch die Wirkung so. Nun – wir alle wissen, was es bedeutet, eine Ursache zu setzen. Wenn wir denken, dann bedienen wir uns der allgegenwärtigen schöpferischen Energie des Universums. Durch unsere geistige Aktivität bringen wir sie in Bewegung, so als würden wir einen Stein ins klare Wasser eines Bergsees werfen und beobachten, wie sich Wellen rundherum ausbreiten. Ist es bloß ein winziger Kieselstein, wird die Wasseroberfläche sehr rasch wieder spiegelglatt sein. Werfen wir jedoch einen Felsbrocken, müssen wir auf einiges gefasst sein.

Die Ursache jeder Begebenheit in meinem Leben ist also ein Gedanke von MIR. Die Wirkung ist das dementsprechende Ereignis. Mein Leben spiegelt mir ununterbrochen, woran ich denke, was ich glaube und wovon ich überzeugt bin. Ist es nicht wunderbar befreiend, es als wahr zu akzeptieren, dass ICH der/diejenige bin, der/die sich selbst mein Leben gestaltet? Ich bin dessen Schöpfer. Weil Gott mir dieselbe Macht zugesteht, wie sich selbst. Ich darf aufgrund meines Denkens und Glaubens kreative Schöpfungsenergie in Bewegung setzen und Tatsachen schaffen. Wenn ich das in meinen Workshops anspreche, nicken meistens alle, vielleicht ein wenig schüchtern oder mit gesenktem Haupt – weil es leider immer noch viele Menschen als Tugend ansehen, ein Opfer ihrer eigenen Schöpfungen zu bleiben. Oder umgekehrt: Nur wenige anerkennen das wertvollste Geschenk Gottes an uns. Die Macht, das eigene Leben so zu gestalten, dass wir rundherum glücklich sind. Im *Kurs in Wundern* steht: „Du bist nur auf der Welt, um glücklich zu sein. Das ist das einzige, was von Dir verlangt wird."

Wenn es also in Deinem Leben Tatsachen gibt, mit denen Du unglücklich bist, dann wende bitte Deinen Blick um 180 Grad auf Dich selbst. Die Ursache für genau diese Umstände, mit denen Du im Augenblick konfrontiert bist, ist IN DIR – nicht irgendwo anders. Es müssen in Deiner Geisteshaltung Gedanken regieren, mit denen Du sämtliche unangenehme Personen und Situationen herbeischaffst. Was Du erlebst, ist bloß die Folge DEINER unbewussten Negativität. Und nur damit Du diese erkennst, spiegelt Dir das Leben Deine Geisteshaltung wider. Wenn Du zum Beispiel glaubst, Männer taugen nichts … dann verwirklicht sich Dein Glaube. Du triffst immer nur männliche Taugenichtse. Wenn Du davon überzeugt bist, dass Geld etwas Schmutziges ist … dann spiegelt Dir das Leben Deine Überzeugung. Du bist ständig in Geldnot. Wenn Du nachtragend bist und Gedanken der Unversöhnlichkeit mit Dir herumschleppst … dann zeigt sich Deine Geisteshaltung vielleicht als steifes Genick oder als Partner, der Dir jeden Tag vorwirft, was Du ihm vor zwanzig Jahren angetan hast. Bitte lasse Dich in all diesen Fällen nicht täuschen und bleibe BEI DIR. Was im Außen ist, das ist IN DIR. Und wenn Du im Außen etwas anderes sehen und erleben willst, dann bleibt es Dir nicht erspart, die Ursache aus DIR zu entfernen. Erinnerst Du Dich? Die Ursache ist immer ein Gedanke von Dir. Die Wirkung ist immer eine dementsprechende Tatsache, ein Lebensumstand, ein Zufall oder ein Schicksalsschlag.

Das Gesetz von Ursache und Wirkung funktioniert auf jeden Fall. Ob Du Dir nun bewusst etwas ausdenkst oder einem unbewussten Fehlglauben folgst. Ich erzähle Dir etwas aus meinem Leben. Seit meinem 21. Lebensjahr erlebte ich immer wieder dasselbe Unglück. Ich verliebte mich nur in Männer, für die ich die Zweitfrau war. Der Vater meines Sohnes war ein verheirateter Mann. Dann lernte ich einen Herrn kennen, dessen 14jährige Tochter die erste Geige spielte. Danach war es die Schwester meines Freundes, die unsere Beziehung boykottierte und schließlich scheiterte meine letzte Partnerschaft an der Mutter meines Lebensgefährten. Ich hatte lange Zeit keine Ahnung, warum ausgerechnet mir das passiert. Bis ich eines Tages von Ursache und Wirkung hörte. Anzuerkennen, dass ICH es selbst bin, die meine schmerzlichen Enttäuschungen vorprogrammiert, war zugegeben ein sehr harter Brocken. Es hat eine Weile gedauert, bis ich meinen Schock überwunden hatte. Ja, ich empfand es wirklich wie eine eiskalte Dusche, als ich durchschaute, wie wenig ich mich selbst lieb hatte … und welch geringen Wert ich mir als Frau gab. Heute bin ich meinen damaligen männlichen Spiegelbildern nur noch dankbar. Weil sie mir MEINE unbewussten Fehlgedanken – meine schrecklichen Irrtümer – vor Augen hielten, damit ich MICH erkenne. ICH war diejenige, die über Männer negativ dachte. ICH war davon überzeugt, dass Männer untreue Zeitgenossen sind. ICH glaubte, keinen Mann für mich alleine zu verdienen.

Unbewusste negative Denkstrukturen an mir selbst zu durchschauen, war früher eine schwierige Angelegenheit. Heute ist mir klar, dass ich nur mein Spiegelbild anzusehen brauche, um dasselbe in kürzester Zeit zu vollbringen: MEINEN eigenen gedanklichen Irrtum zu artikulieren. Ich glaube, es geht dabei in erster Linie um die vollkommene Akzeptanz, dass ICH DAS BIN, den ich da in Gestalt einer verlogenen Freundin oder eines boshaften Tankwarts sehe und dass ich es genauso bin,

die sich einen Zufall oder einen Schicksalsschlag ausgedacht hat. Erst in zweiter Folge halte ich das Entschlüsseln der Botschaft dahinter für wichtig. Das Übernehmen der vollen Verantwortung für jede unangenehme
Situation befreit mich nämlich sofort aus der Opferrolle
– und das ist wirklich ein erhebendes Gefühl. Wenn es
so ist, dass wir kraft unseres Geistes unangenehme Tatsachen herbeischaffen können, dann muss es genauso
möglich sein, Gesundheit, Glück und Wohlstand zu verwirklichen!

Kreatives Denken kommt nicht aus unserem Kopf,
sondern aus unserem Geist.
Kreatives Denken ist die größte Freude
wie auch die größte Verantwortung
jedes schöpferischen Wesens.
Denken ist Gotteswerk.

2. Was ist ein Spiegelbild?

Ein Spiegelbild ist einer MEINER vielen Gedanken
in seiner sichtbaren, verwirklichten Form.

Für jeden meiner Gedanken existiert ein idealer Zeitpunkt, sich mir in konkreter Gestalt zu zeigen. Als Person, als Situation, als Zufall oder Schicksalsschlag. Was immer ich sehe, höre, fühle und erlebe … ist MEINE verwirklichte geistige Welt. Irgendwann hatten wir die Idee zu jedem Ereignis in unserem Leben – nur ist es so, dass wir das allzu gerne vergessen. Besonders dann, wenn die Wogen über uns zusammenschlagen und alles schief läuft. Viele stecken dann den Kopf in den Sand, resignieren oder leiden still vor sich hin – anstatt genau jetzt in ihren eigenen Spiegel zu blicken und die Wahrheit anzuerkennen: „ICH war es, der/die sich durch ein bestimmtes Denkschema selbst in diese Lage gebracht hat." Bitte verstehe das richtig. Das ist kein Schuldbekenntnis – sondern die Aussage eines Menschen, der sich seiner Gotteswürde bewusst ist: Der Macht, „gute" UND „unangenehme" Tatsachen hervorbringen zu können.

Personen

Ich wage eine ungewöhnliche Behauptung: DEINE Gedanken befinden sich in angreifbarer Form vor Dir – als Menschen. Personen, die Dir sehr nahe stehen, halte ich für besonders aussagekräftige Spiegelbilder. Wenn Du mit der Spiegelgesetz-Methode anfangs noch wenig vertraut bist, wähle eine Person aus Deinem Freundes- oder Bekanntenkreis, um zu üben. Das ist wirklich leicht. Denn – was Dir an dieser Person nicht gefällt, was Dich aufregt, ärgert oder in Rage bringt, ist das, was Dir AN DIR nicht gefällt, was Dich AN DIR SELBST aufregt, was Dich AN DIR stört und was Dich AN DIR in Rage bringt. Das unangenehme Verhalten, das Dir dieser bestimmte Mann, diese Frau, vor Augen hält, ist DEINES – nur willst Du es an Dir selbst nicht wahrhaben. Bitte erinnere Dich. Was im Außen ist, das ist IN DIR – zuerst in Deiner geistigen Welt, dann später in Deinem Verhalten. Es sind DEINE Überzeugungen und DEINE Glaubenssätze, die sich in exakt entsprechenden Tatsachen verwirklichen. Ahnst Du schon, welch großartiger Schlüssel zur Selbsterkenntnis Dir damit in den Schoß fällt? Jeder Mensch, mit dem Du zusammentriffst, ist ein Spiegelbild VON DIR. Dein Gegenüber hält Dir vor Augen, was DU bist, wie DU denkst, was DU fühlst und wovon DU überzeugt bist. Natürlich brauchst Du nicht das Verhalten jeder x-beliebigen Person zu entschlüsseln, sondern *nur jenes, das Dich berührt*. In diesem Büchlein möchte ich hauptsächlich die unguten Spiegelbilder unter die Lupe nehmen, weil Du mit den erfreulichen bestimmt alleine klar kommst. Jedes Verhalten einer Person, das Deine Emotionen entfacht … Dich ärgert … Dich stört … Dir lästig ist … Dich wütend macht … kurz – das Dich aus Deiner Mitte reißt, ist eine Eigenschaft, die Du an Dir selbst nicht siehst. **Dein Spiegelbild kann aber nur zeigen, was DU bist.** Das bedeutet, dass Du *die positive Form dieser bestimmten Eigenschaft* auch in Dir hast, sie aber kaum oder gar nicht auslebst. Obwohl Du in Wahrheit ein vollkommenes Wesen bist, mit allen Eigenschaften in Dir, kommt irgend ein bestimmter Wesenszug zu kurz. Er fehlt in Deinem Leben. Und damit Du erkennst, wo Du zu ein-seitig geworden bist, holst Du Dir (unbewusst) einen Menschen in Deine Nähe, der Dir genau Deinen Mangel spiegelt. Nun – das klingt ganz einfach und logisch, wirst Du jetzt vermutlich denken. Trotzdem gibt es eine Hürde, die Du überwinden musst, um das Geschenk für Dich zu finden.

Ein Beispiel:

Lore's Sohn ist siebzehn und fürchterlich faul. Er kommt von der Schule, lässt seinen Rucksack und seine Jacke von sich gleiten und wirft sich auf die Couch. „Hast Du nichts zu lernen?" fragt Lore ihren Sohn, nicht nur einmal, sondern mindestens fünfmal pro Tag. Markus' Antwort ist immer dieselbe. Er gähnt genüsslich vor sich hin, während er zwischendurch nach den Kartoffelchips angelt. In seinem Zimmer türmen sich Berge von Kleidungsstücken, CDs und Zeitschriften in buntem Durcheinander. Doch das scheint den Burschen keineswegs zu stören. Im Gegenteil. Oft legt er sich samt Kopfhörer mitten auf den überfüllten Fußboden und vergisst die ganze Welt rundherum.

Nehmen wir an, Lore verwendet die Spiegelgesetz-Methode, um endlich eine Antwort auf die Fragen zu finden, die sich bestimmt schon hundertmal gestellt hat: „Warum habe ausgerechnet ich einen extrem faulen Sohn? Warum ändert er sich nicht?" Ich habe mehrmals betont, dass mein Gegenüber immer eine Eigenschaft von MIR spiegelt, die ich aus einem bestimmten Grund (ich komme später darauf zu sprechen) vernachlässige oder überhaupt brach liegen lasse. Lore müsste also in ihrem Sohn ihr eigenes Spiegelbild erkennen und sich eingestehen: ICH bin faul … Nur – wer möchte schon von sich selbst behaupten, faul zu sein? Und deswegen kommt jetzt die entscheidende Hürde für all jene, die sich mit der Spiegelgesetz-Methode vertraut machen wollen. WEIL Lore diese bestimmte Eigenschaft, gespiegelt durch das Verhalten ihres Sohnes, negativ bewertet (= faul), weist sie genau diesen Wesenszug von sich. Sie wehrt ihn ab, schließt ihn aus ihrem Leben aus. „Faul-Sein" ist in Lore's Augen das Allerletzte – und nur deswegen ist es ihr nicht möglich, die göttliche Botschaft zu begreifen: Was in Lore's Augen wie „Faulheit" aussieht, ist in Wirklichkeit eine Eigenschaft, die zur Vollkommenheit jedes Menschen gehört: Die Fähigkeit, sich zu entspannen, sich von der Außenwelt für ein Weilchen zurückzuziehen und diesen Zustand zu genießen.

Jedes Verhalten anderer Personen, das wir mit negativen Worten beschreiben und somit verurteilen, lehnen wir natürlich an uns selbst ab. Wer möchte schon geizig sein oder egoistisch … schlampig oder unpünktlich? Mit ein bisschen gutem Willen und einem Hauch liebevoller Zuwendung würden die genannten Eigenschaften aber ganz anders klingen: Wer möchte in finanziellen Dingen gut für sich sorgen (geizig) … ein selbstsicheres Auftreten haben (egoistisch) … im Chaos glücklich sein (schlampig) und nach seiner eigenen inneren Uhr leben (unpünktlich)?

Es ist immer nur MEINE Negativität, MEIN Verurteilen und MEINE Einseitigkeit, die das Entschlüsseln der Botschaften meines Gegenübers oft so schwierig macht. In Wirklichkeit ist es die einfachste Sache der Welt. Du brauchst nur eines zu tun. Das Verhalten Deines Gegenübers wertfrei betrachten. „Was tut er/sie da wirklich, wenn ich für einen Augenblick alles vergesse, was ich ansonsten Böses und Schlechtes darüber denke?" Würde Lore dem „Faul-Sein" ihres Sohnes auf diese Weise begegnen, dann könnte sie als Spiegel ihrer selbst einen Menschen sehen, der konsequent sein immenses Bedürfnis nach Ruhe und Entspannung befriedigt und der außerdem noch herrlich genießen kann.

Alles, was wir mit Liebe ansehen, beginnt in uns selbst zu wirken. Wir können nur dann einen Wesenszug integrieren, wenn wir ihn an unseren Mitmenschen lieben. Kurz gesagt – *wir werden zu dem, was wir lieben.* Jedes Wesen in unserer Nähe gibt uns die Gelegenheit dazu.

Noch ein Beispiel:

Der schüchterne, introvertierte Herbert ist mit einer Frau verheiratet, die er insgeheim wie folgt beschreibt: Anita ist ein richtiger Hausdrachen. Sie schafft nur an. Rücksichtslos und egoistisch ist sie. Die denkt ja nur an sich! Ihre ständigen Beschimpfungen, ich sei ein Waschlappen und überhaupt kein richtiger Mann, gehen mir schwer auf die Nerven. Das halte ich nicht mehr aus.

Nehmen wir an, Herbert verwendet nun die Spiegel-gesetz-Methode, um seinen Frust zu beenden. Dann müsste er sich im Spiegel seiner Frau selbst erkennen und sich sagen: ICH bin ein Hausdrachen. ICH schaffe an. ICH bin rücksichtslos und egoistisch. ICH denke nur an mich. Nur – wer möchte schon ein rücksichts-loser, egoistischer Hausdrachen sein? Und deswegen muss Herbert jetzt die entscheidende Hürde meistern. WEIL er die beschriebenen Eigenschaften, gespiegelt durch seine Frau, negativ bewertet, weist er sich von sich. Er wehrt sie ab, schließt sie aus seinem Wesen aus. Rücksichtslosigkeit und purer Egoismus ist für Her-bert das Allerletzte – und nur deswegen ist es ihm unmöglich, die göttliche Botschaft zu erkennen und das Geschenk anzunehmen. Was in Herbert's Augen wie „rücksichtsloser Egoismus" aussieht, sind in Wirklich-keit Wesenszüge, die zur Vollkommenheit jedes Men-schen gehören: Durchsetzungsvermögen und Selbst-bezogenheit. Würde Herbert Anita's Eigenschaften vorurteilslos und mit liebevollen Augen betrachten, dann könnte er als Spiegel seiner selbst ein Wesen wahrnehmen, das weiß, was es will und dies auch durchsetzen kann. Er würde einen Menschen sehen, der zu sich steht, weil er unabhängig von der Reaktion anderer Personen offen seine Meinung vertritt.

Ich habe es schon erwähnt, möchte aber nochmals betonen: Nur, was wir MIT Liebe ansehen, können wir als zu uns gehörig akzeptieren. Wir werden zu dem, was wir lieben.

Was bedeutet das nun für Lore und Herbert? In Lore's Leben mangelt es an Entspannung, Ruhe und Genuss. Es wäre ihre Aufgabe, dafür zu sorgen. In Herbert's Wesen fehlt je eine Portion Durchsetzungsvermögen, Selbstbezogenheit und Unabhängigkeit. Es wäre seine Aufgabe, diese Eigenschaften zu entwickeln. Die Spiegelbilder beider veranschaulichen das Manko überdeutlich. Bleibt noch die Frage offen, warum es für Lore und Herbert bislang so schwierig, wenn nicht gar unmöglich war, die beschriebenen Eigenschaften zu leben. Warum gerät ein Wesen, dem die Macht Gottes innewohnt, in eine solche Lage? Warum werden wir einseitig? Warum tun wir so, als würden bestimmte Wesenszüge in uns nicht existieren? Warum verzichten wir auf unsere Vollkommenheit?

Bleiben wir bei zuerst bei Lore. In Lore's Geisteshaltung befindet sich ein dunkler Punkt, ein negatives

Urteil, das sich irgendwann vor Jahren oder Jahrzehnten ... vielleicht in einem früheren Leben, dort eingenistet hat. Dieses Fehlurteil hat sich im Laufe der Zeit in eine Überzeugung verwandelt, die in Lore's Geist ihren Platz behauptet und – wirkt. Lore hat keine Ahnung davon, dass sie damit selbst (!) das Spiegelbild „fauler Sohn" erschafft! Nur in Lore's Augen ist Erholung, Ruhe und Entspannung etwas Abscheuliches ... weil SIE darüber negativ denkt.

Auch in Herbert's Geisteshaltung wohnt ein Negativ-Urteil, das sich irgendwann dort festgesetzt hat. Dieses Urteil ist im Laufe vieler Jahre zu einem Glaubenssatz geworden, der als schöpferische Ursache selbstverständlich konkrete Folgen trägt, die sich in unserem Beispiel als „egoistischer, rücksichtsloser Hausdrachen" zeigen. Herbert glaubt wahrscheinlich, ein schlechter Mensch zu sein, oder nicht geliebt zu werden, wenn er sich unabhängig von anderen durchsetzt. Nur in SEINEN Augen ist Selbstsicherheit etwas Schlechtes ... weil ER negativ darüber denkt!

Der entscheidende Durchbruch in die Freiheit kann beiden nur gelingen, wenn sie

1. ihre eigene Negativität ANERKENNEN: „ICH bin es, der/die schlecht über ... denkt."
2. die negativen Urteile formulieren und aufheben und sich
3. selbst von ganzem Herzen umarmen. Ich möchte das jetzt anhand unserer Beispiele demonstrieren:

Lore

Verbot formulieren:	Ich verbiete mir Ruhe, Genuss und Entspannung.
Urteil aufheben:	Genießen, Ausruhen und Entspannen ist nur IN MEINEN AUGEN etwas Schlechtes … Böses … Mieses … Falsches … Ich befreie mich jetzt *bewusst* von diesem Fehlurteil und verändere meine Einstellung im Sinne der Liebe zu mir selbst.
Geistiges Umarmen:	Ich achte und liebe mich als genussfähige, ruhebedürftige Frau.

Herbert

Verbot formulieren:	Ich verbiete mir Selbstsicherheit und Durchsetzungsvermögen.
Urteil aufheben:	Nur IN MEINEN AUGEN sind selbstsichere Menschen, die sich durchzusetzen wissen, grausam … hartherzig … lieblos … kalt … Ich befreie mich jetzt *bewusst* von diesem Fehlurteil und verwandle meine Einstellung im Sinne der Liebe zu mir selbst.

23

Geistiges Umarmen: Ich schätze und bewundere
                     mich als selbstsicheren Mann,
                     der sich durchzusetzen weiß.

Zum Entschlüsseln der Liebes-Botschaften unserer lebendigen Spiegelbilder halte ich unsere Wachsamkeit darüber, dass wir in anderen Menschen immer nur das erblicken können, was **WIR** sind, für das Allerwichtigste. Jedesmal, wenn ich versucht bin, mich von jemandem abzuwenden oder beleidigt zu reagieren, weise ich einen Wesenszug meiner selbst zurück – was bedeutet, dass *ICH MICH SELBST in meiner Ganzheit weder achte noch schätze.*

Vielleicht fragst Du Dich jetzt, warum Dir Dein Gegenüber selten die positive Form einer bestimmten Eigenschaft (z. B. Beharrlichkeit und Durchhaltevermögen) spiegelt. Du möchtest wissen, weshalb Dir die negative (Sturheit, Starrsinn) viel öfter begegnet? Darf ich antworten? Weil **DU** in Deinem innersten Kern negativ programmiert bist. Irgendwann hast Du aufgrund einer negativen Erfahrung ein negatives Urteil gefällt, in unserem Beispiel über die Eigenschaften „Beharrlichkeit" und „Durchhaltevermögen". Beharrliche Menschen, die eisern eine Durststrecke meistern können, sind nur in DEINEN AUGEN das Allerletzte ... sind nur in DEINEN AUGEN nicht liebenswert .... sind nur in DEINEN AUGEN lieblos ... Insgeheim bezeichnest DU sie als stur und starrsinnig ... und setzt damit jedesmal eine negative Ursache. Also wundere Dich nicht, wenn Dir dann in Gestalt Deiner Mutter oder Deines Partners Starrsinn und Sturheit begegnen, anstatt Beharrlichkeit und Durchhaltevermögen. Nur aufgrund Deiner eigenen Negativität bist Du nicht imstande, die positive Botschaft – das wirkliche Geschenk – Deines menschlichen Spiegelbildes zu begreifen. Gleichzeitig lehnst Du diese Dir fehlenden Eigenschaften an Dir selbst ab und klammerst sie aus Deinem Wesen aus. Was wir an uns selbst zurückweisen, drängt aber umso vehementer nach außen … Unsere Seele wünscht sich, irgend wann einmal vollkommen zu sein und ausruhen zu dürfen. Das ist aber nur dann möglich, wenn wir unser Wesen in seiner Gesamtheit erfahren und gelebt haben. Solange wir zurückweisen und verurteilen, was uns in Gestalt menschlicher Spiegelbilder begegnet, solange missachten wir den zärtlichen Ruf unserer Seele nach Ganzheit: *Schau genau hin, welche Eigenschaft es wirklich ist, die Dir der Mensch vor Deinen Augen spiegelt. Es ist diejenige, die DU brauchst, weil sie DIR zu Deiner Ganzheit fehlt.* LIEBE den Menschen vor Deinen Augen von ganzem Herzen, damit **DU** Dich in ein vollständigeres Wesen verwandelst.

Allein die Spiegelgesetz-Methode anzuwenden, genügt nicht, um das Wesen Deines Gegenübers in Dich aufzunehmen. Du musst dem Menschen vor Deinen Augen Dein Herz öffnen, wenn Du sehen, hören und spüren willst, wie er wirklich ist. Auf meinen Workshops wurde ich schon öfter gefragt, wie man das macht … jemanden lieben, den man nicht ausstehen kann oder gar verabscheut … Wenn Du gerade mit diesem Problem zu tun hast, ist genau JETZT der beste Zeitpunkt, die Spiegelgesetz-Methode anzuwenden. Sie verhilft Dir augenblicklich zu einer größeren Bewusstheit über Dich selbst. Du erkennst nämlich DEINE Lieblosigkeit … und DEINEN falschen Glauben über bestimmte Eigenschaften. Die Akzeptanz Deiner eigenen negativen Einstellung *als zu Dir gehörig,* halte ich für den ersten positiven Schritt, der das Schloss Deiner Herzenstür entriegelt. Um die Tür zu öffnen, musst Du zusätzlich eine Portion Mut und eine Riesen-Bereitschaft zur Ehrlichkeit aufbringen:

„Nur ICH mache die Frau/den Mann vor meinen
Augen zu dem (Scheusal),
das sie/er für mich darstellt –
weil ICH es bin, der/die sich weigert, zu lieben."

Ein solches Aufrichtigkeits-Bekenntnis wird Deine Seele berühren, wenn nicht erschüttern – und Deine Herzenstür geht einen Spalt breit auf. Wer den Menschen an seiner Seite in seiner Einmaligkeit nicht liebt … der mag sich auch selbst nicht … und wird auch von anderen wenig geliebt. Den Schlüssel, der Dich aus diesem Teufelskreis erlöst, hältst Du selbst in der Hand. Schau hin, auf Dein Gegenüber! Es ist DEIN Spiegelbild. Der Mensch vor Deinen Augen verkörpert einen Wesenszug, den DU zu Deiner Ganzheit brauchst. Bis jetzt hast Du diese bestimmte Eigenschaft an Dir selbst (!) immer nur abgelehnt, *anstatt Dein negatives Denken darüber aufzuheben.* Die Person vor Deinen Augen ist in Wahrheit ein und dasselbe, wie Du. Ein Liebeswesen, geschaffen aus reinster Gottesenergie. Du selbst warst es, die/der genau diesen Menschen angezogen hat, um Dich in ihm gespiegelt zu sehen! Das gilt für Eltern, Geschwister, Kinder und Verwandte genauso, wie für Menschen, die Du im Laufe Deines Lebens kennenlernst. Bitte verharre nicht in trüben Gedanken darüber. Es führt zu nichts Gutem, wenn Du Dir deswegen Vorwürfe machst oder Dich für dumm erklärst. Sprich statt dessen das Bekenntnis eines Schöpfers aus: *„Ich bin es selbst, der meine Mutter und meinen Vater … meine Kinder, Geschwister, Freunde und Partner … in mein Leben geholt hat. All diese Menschen spiegeln mich. Sie halten mir MEINE Geisteshaltung vor Augen. Sie verkörpern Wesenszüge von MIR. Sie konfrontieren mich mit MEINER Herzlosigkeit. Sie zeigen mir MEINE mangelnde Liebesfähigkeit. Ich danke mir selbst dafür, all diese Menschen an meiner Seite zu haben, weil ICH durch sie zu dem liebevollen Wesen werden kann, das ich in Wahrheit bin."*

In jedem Augenblick hast Du die Wahl, was Du sein möchtest. Jede Minute mit einem Menschen hält ein Geschenk für Dich bereit. Hinter jedem Verhalten, das DU als unmöglich, böse, schlecht, widerlich … einstufst, verbirgt sich eine Eigenschaft, an der es DIR mangelt. Ich erwähnte es schon vorhin – diese Eigenschaft kommt Dir nur deswegen unmöglich, böse, schlecht oder widerlich vor, weil Du sie verurteilst. Es muss nicht sein, dass Du Deine lieblosen Überzeugungen wie in einem Safe aufbewahrst. Du kannst sie innerhalb von ein paar Minuten aus ihrem Gefängnis erlösen und DICH davon befreien. Das ist weder ein Kraftakt, noch eine Willensanstrengung – sondern eine sehr simple Angelegenheit: „ICH bin es, die/der über .... schlecht, negativ, böse, lieblos usw. denkt. Will ich das weiterhin tun und die Folgen in Form konkreter Tatsachen tragen? Will ich in meinem Kind, in meinem Partner, in meiner Freundin … einen schlampigen Egoisten sehen, oder einen selbstsicheren Menschen, der Prioritäten setzen kann? Möchte ich in meinem Chef einen jähzornigen Despoten erblicken, oder eine energiegeladene Führungspersönlichkeit? Entscheide Dich. Aber sei Dir bitte klar darüber, dass Du ein Schöpfer bist. DEINE Gedanken, DEINE Überzeugungen und DEIN Glaube sind die Saat, die Du als menschliche Spiegelbilder vor Deinen Augen aufgehen siehst. Je verständnisvoller, wertschätzender und liebevoller DU denkst, desto mehr Zuneigung, Hochachtung und Mitgefühl wirst Du ernten.

Situationen

Jede Situation in Deinem Leben spiegelt *eine bestimmte Denkkonstruktion von DIR* – das ist Gesetz, und dieses gilt natürlich auch dann, wenn die Situation eine ist, die Du weder wünscht noch willst: DU selbst warst (bist) es, die/der sich in diese Situation gebracht hat, weil Du zulässt, dass sich in Deiner Geisteshaltung Überzeugungen befinden, mit denen Du Dir selbst schadest. Es stimmt, dass Dich irgendwann … irgendwer … aufgrund irgendeiner schlimmen Erfahrung … dazu veranlasst hat, lieblos über Dich selbst, über die Welt, über Frauen, über Männer, usw. zu denken. Du kannst das weiterhin als Ausrede benützen und Dein Licht als Schöpfer von Tatsachen unter den Scheffel stellen. Nur wird sich dann in Deinem Leben wenig verändern. Du könntest aber auch etwas Neues versuchen: Dir Deiner eigenen Negativität bewusst werden und Dir sagen: „O. K. Bis jetzt habe ich über ……… (setze ein, was Dir beliebt) total negativ gedacht und mich damit in eine Situation manövriert, die mich unglücklich stimmt. Ich bin der Schöpfer meines Lebens und deswegen habe ich jetzt die Wahl, meine Geisteshaltung punkto …… (setze dasselbe wie oben ein) völlig neu zu gestalten."

Wenn Du dann mit ein paar Sätzen die aktuell gegebene Situation beschreibst, ohne sie zu analysieren, zu bewerten oder psychologisch zu begründen, kommst Du Deinem geistigen Wirrwarr leicht auf die Spur. Wir beschäftigen uns in diesem Buch mit den unangenehmen Tatsachen. Ich gehe also davon aus, dass Du Dich in eine ungute Lage gebracht hast. Die Situation, in der Du Dich befindest, trägt keineswegs zu Deinem Glücklich-Sein bei. Du fühlst Dich bedrückt oder einsam, nichts klappt … Deine Geldbörse gähnt vor Leere und weit und breit ist kein Freund in Sicht, der Dir aus der Patsche hilft. Draußen scheint die Sonne, Deine Nachbarin grüßt Dich freundlich … aber DU igelst Dich ein und beharrst auf Deinen düsteren Überzeugungen. Darf ich Dich erinnern? Alles, was sich in Deinem Geist befindet, nimmt irgendwann Gestalt an. Natürlich auch Dein unbewusstes Negativ-Denken, das Du im Spiegel der Ereignisse ganz genau erkennen kannst – wenn Du willst.

Ein Beispiel:

Erika wünscht sich seit vielen Jahren eine erfüllende Partnerschaft mit einem humorvollen, tierliebenden und wohlhabenden Mann. Was sie jedoch tatsächlich erlebte, sieht wie das Gegenteil aus. Die männlichen Spiegelbilder in Erika's Leben verdeutlichen ihr negative Einstellung zum Thema Partnerschaft. Hermann war ein Einzelgänger, ein Lebenskünstler, der wochentags lieber in der Sonne lag, anstatt Geld zu verdienen. Berthold's große Leidenschaft war die Jagd. Er bekam nie genug davon, seine Jagdbeute zu präsentieren. Rudi war ein erfolgreicher Geschäftsmann, der niemals lächelte und schon gar keinen Spaß verstand. All diese frustrierenden Situationen spiegelten Erika's zutiefst unbewusste Lieblosigkeit zum Thema Partnerschaft: „Ich verdiene keinen humorvollen, tierliebenden, wohlhabenden Mann als Lebenspartner. Ich bin es nicht wert, dass sich mein Herzenswunsch erfüllt."

Wer glaubt, kein Glück zu verdienen, kann keines ernten. Das ist eine Tatsache, die aber trotzdem nicht zum Dauerzustand werden muss – in dem Moment Du Dir Deiner eigenen Negativität bewusst wirst und sie aufgibst. DU bist es, der sich jede Situation in Deinem Leben selbst ausgedacht hat. Nicht das böse Schicksal war es oder eine grausame Gottheit. DU machst Dein Schicksal. Und wenn es grausam zu sein scheint, dann gibt es IN DIR einen Glauben, welcher der Grausamkeit Prioritäten zubilligt, anstatt der Liebe. Im Spiegel der Situationen in Deinem Leben siehst Du immer nur DEIN verwirklichtes Bewusstsein. Du erlebst DEINE Lieblosigkeit zu Dir selbst … DEINE mangelnde Bereitschaft, zu vergeben … DEINE geistigen Irrtümer … und DEINE falsche Überzeugung, weder Reichtum noch Glückseligkeit wert zu sein.

Zufälle

Bestimmt hast Du schon davon gehört oder in Büchern gelesen, dass es keinen Zufall gibt – so wie wir ihn üblicherweise verstehen. In einem Kosmos existieren keine wahllosen Zufälligkeiten, die sich irgendwie planlos ergeben. Alles Lebendige verläuft nach einer bestimmten Gesetzmäßigkeit, von der DU ein Teil bist. Stell Dir das ungefähr so vor: Da ist eine Riesenmenge ungebrauchter, brach liegender Geistesenergie. Ein vollgefülltes Bündel, so groß wie das Universum, oder noch größer, aus dem sich jeder nach Belieben bedienen kann. Mit jedem Gedanken, jeder Überzeugung und mit jedem Glauben, den Du hast, schöpfst Du aus diesem Reservoir und setzt damit das Gesetz von Ursache und Wirkung in Kraft. Ich erwähnte es schon, halte es aber für sehr wichtig, Dich noch einmal darauf aufmerksam zu machen: Das Gesetz funktioniert auf jeden Fall. Ob Dir nun Deine Geisteshaltung punkto … Familienleben … Beruf … Partnerschaft … Freizeitgestaltung … Geld … Selbstliebe … bewusst ist, oder nicht. *Jeder Zufall, der in Deinem Leben passiert, ist und bleibt ein Ereignis, das Du selbst verursacht hast.* Wenn wir von Zufällen sprechen, meinen wir meistens erfreuliche Begebenheiten, die uns staunen lassen, wie kleine Kinder unter dem Weihnachtsbaum. Manchmal kommt uns ein Zufall sogar wie ein Wunder vor. Genau das ist der entscheidende Augenblick, das Spiegelgesetz für Dich anzuwenden, weil Du Dir der immensen Macht bewusst wirst, die Gott Dir verliehen hat:

*Aufgrund Deiner Gedanken bewirkst **DU** das Geschehen in Deinem Leben.*

Bei jedem Zufall, der sich in Deinem Leben ereignet, empfehle ich Dir, folgende Wahrheit auszusprechen, damit Dir Deine Schöpferkraft immer mehr in Fleisch und Blut übergeht: „ICH war es, die/der sich diesen Zufall ausgedacht hat. ICH war es, die/der das bewirkt hat." Obwohl ich mir dieser Tatsache heute bewusst bin, staune ich jedesmal wie ein kleines Mädchen … und jubiliere vor lauter Freude, wenn ich mir einen glücklichen Zufall schenke. Ich erzähle Dir einen.

Mein Gehalt als Stenotypielehrerin reichte für mich und meinen schulpflichtigen Sohn kaum aus. Als alleinerziehende Mutter musste ich Thomas acht Jahre lang in einem Halbinternat unterbringen. Trotzdem ich mit „Essen auf Rädern" und der Auswertung von Meinungsumfragebögen mein Monatseinkommen aufbesserte, war mein Kontostand laufend im Minus. Das bedrückte mich fürchterlich. Ich glaube, es war ein Mittwoch, als ich mich vom Einkaufen am nahegelegenen Markt auf den Heimweg begab. In jeder Hand einen Korb voll Gemüse und Obst fiel mir wie so oft mein überzogenes Konto ein. Obwohl der Kalender erst den 7. oder 8. des Monats zeigte, hatte ich ein Minus von 8.250 Schillingen. In traurigen Gedanken versunken, den Kopf gesenkt, schleppte ich mich soeben an einem kleinen Park vorbei … als ich urplötzlich aus meiner depressiven Stimmung herausgerissen wurde: Mitten auf dem Gehsteig, direkt vor meinen Füßen (!) lagen Geldscheine. Nicht zerknüllt oder gefaltet, sondern angeordnet wie ein Fächer! Mein Schrecken war so groß, dass ich wie angewurzelt in meiner Position verharrte.

Ich kann mich noch gut an meine damaligen Gedanken erinnern, die im Zeitraffer mit mir durchgingen. Hier sind nur ein paar davon: „Mach die Augen zu und geh weiter … das gehört Dir nicht … das darfst Du auf keinen Fall nehmen, sonst sperrt man Dich ein … nimm es und trag das Geld zur Polizei … nimm es und mach Dich auf die Suche, wer es verloren hat … frage in den umliegenden Geschäften nach … nein, tue lieber so, als würdest Du das Geld überhaupt nicht sehen … und geh endlich nach Hause …" Noch immer stand ich am selben Fleck. Noch immer lagen vor mir die Geldscheine auf dem Asphalt. Ängstlich sah ich mich um, suchte in allen Richtungen, doch weit und breit erblickte ich keine Menschenseele. Seltsam, dachte ich, als ich meinen Blick wieder auf den Gehsteig zu meinen Füßen richtete. Im selben Augenblick sprach Gott zu mir: „Das Geld gehört Dir, hebe es auf." Trotzdem zögerte ich. Die Angst vor einer furchtbaren Bestrafung hielt mich sekundenlang in den Klauen. Na ja, bestimmt möchtest Du jetzt wissen, wie ich sie überwunden habe? Ich begriff Gott in dem Moment, als ich die Geldscheine gezählt hatte. Es waren mir genau jene 8.250 Schillinge zugefallen, die auf meinem Konto gefehlt hatten …

Als diese Geschichte passierte, hatte ich wenig Ahnung davon, dass ich selbst es war, die diesen glücklichen Zufall mit Gottes Unterstützung bewirkt hatte. Vielleicht ist jetzt der richtige Zeitpunkt, von meinem Gottesbild zu sprechen. Es ist mir bewusst, dass sich in meinem Leben nur dann ein freudvoller ZU-Fall ereignen kann, wenn ich Gottes gütige Kraft durch mich wirken lasse. Gott ist für mich keine Wesenheit, die ich anbete oder deren Hilfe ich erflehe. Für mich ist Gott mein allerreinster Wesenskern, er ist jene Instanz in mir, die mein Ego beruhigt oder zum Schweigen bringt. Gott ist ein Teil von mir und ich bin ein Teil von Gott – der höchsten, liebevollsten und stärksten Intelligenz, welche die Macht hat, Tatsachen zu schaffen. Ich anerkenne immer mehr meine Funktion als Teil dieser unfassbar großen und gütigen Instanz, die kraft meiner Gedanken in mir und durch mich wirkt. Manchmal fragen mich Bekannte oder Seminarteilnehmer, wie ich erkenne, ob ich mit Gott oder mit meinem Ego denke. Das festzustellen, ist sehr einfach. Wenn meine Ideen mit Gott verbunden sind, erfüllt mich eine immense Ruhe, stille Zufriedenheit, tiefe Dankbarkeit und eine echte Lebenslust, die mein Handeln beflügelt und mein Interesse am Schicksal meiner Freunde und Bekannten in etwas echt Liebevolles verwandelt. Umgekehrt bescheren mir meine Ego-Gedanken manchmal Stress, Besorgtheit und Müdigkeit – aber Gott sei Dank nur noch sehr selten, weil mir wirklich klar ist, dass ich meine Stimmungen wie auch meine Gesamtverfassung selbst wähle – und es daher allein in meine Kompetenz fällt, mich für Freude, Wohlbefinden und Glückseligkeit zu entscheiden.

Jeder glückliche Zufall in Deinem Leben ist ein Spiegel Deiner Geisteshaltung, ein Beweis dafür, dass Du mit der höchsten Intelligenz verbunden bist und Dir den Wert gibst, den Du wahrhaftig hast: Den Wert eines gotterfüllten Wesens, das die Macht hat, Tatsachen zu schaffen, die wir Zufälle nennen und das imstande ist, Wunder zu wirken.

Schicksalsschläge

Wenn das Schicksal zuschlägt ... Dich ein plötzliches, unangenehmes Ereignis total aus der Bahn wirft und Du am liebsten alles und jeden dafür verantwortlich machen möchtest ... halte bitte inne. Ein Schicksalsschlag trifft Dich dann, wenn Deine Seele nur auf solche Weise dazu lernen kann. Niemand außer Dir selbst hat dieses Ereignis verursacht. Es ist tatsächlich so, dass DU es warst, der sich diesen Schicksalsschlag „ausgedacht" hat – auch wenn Dein Verstand bewusst keine Ahnung davon hat. DU selbst bist es gewesen, der sich einen Schock zugefügt hat, weil Deine Seele möchte, dass Du etwas Bestimmtes an Dir erkennst. Sei der Schlag auch noch so schmerzlich ... bist Du aufgerufen, jenes lieblose Selbstbild, das Du in einem ganz bestimmten Punkt bislang von Dir hattest, zu erlösen.

Ein Schicksalsschlag geschieht nicht von heute auf morgen. Er tritt erst dann in Erscheinung, wenn Du lange Zeit all die vielen kleinen und größeren Zeichen missachtest, die Dich auf einen anderen Weg führen wollten. Im Spiegel eines Schicksalsschlages kannst Du Deine eigene Weigerung erkennen, Dich auf etwas Neues einzulassen und eine andere Richtung als die bisherige zu wählen. Irgend ein Thema in Deinem Leben wolltest Du strikt nicht wahrhaben. Damit Du es aber endlich siehst, hast Du Dir einen Schicksalsschlag geholt, der Dir aus Deiner unbewussten Blindheit heraushilft. Bitte mache Dir so oft wie möglich bewusst: DU selbst hast das Ereignis bewirkt und deswegen hast Du jetzt nur eine Wahl: Das Geschehen voll und ganz als Deine eigene Schöpfung zu akzeptieren. Nun, wie macht man das … in einer Phase der totalen Erschütterung und scheinbar ohne Kraft? Sage Dir hundertmal am Tag „Ich habe mir diese Situation selbst geschaffen, um zu erkennen, in welchem Bereich meines Lebens zu wenig Liebe ist. Ich habe diesen Schicksalsschlag genau so gebraucht, um etwas über mich selbst zu erfahren." Das genügt. Du brauchst Dein Hirn nicht überanstrengen oder nächtelang grübeln. Das Erkennen der Wahrheit geschieht plötzlich ganz von selbst. Vielleicht hast Du Dich selbst jahrzehntelang nur nach den anderen gerichtet, anstatt DEINER inneren Stimme zu folgen … vielleicht hast Du Dein persönliches Lebenstempo missachtet oder Schindluder mit dem Wohlbehagen Deiner Seele getrieben … was immer es auch war … irgendwo warst Du über einen langen Zeitraum hinweg lieblos zu Dir selbst und demnach auch lieblos zu Deinen Mitmenschen – und das ist weder der Wille eines gütigen Kosmos, noch der Wunsch eines liebevollen Gottes für

Dich. Bitte glaube nicht, dass Dein Leben jetzt weiterhin bergab verläuft, weil Du im Augenblick immens durchgeschüttelt wirst. Glaube vielmehr an die Güte einer Intelligenz, die Dich tausendmal mehr liebt, als Du Dir überhaupt vorstellen kannst. Gottes Weisheit ist in Dir. Deshalb folge bitte getrost ihren Anweisungen. Tue immer nur den nächsten richtigen Schritt. Das ist derjenige, der jetzt gerade präsent ist. Gottes Weisheit, Liebe und Güte ist immer dort, wo Du bist. Es kann sein, dass Deinem Ego Dein nächster richtiger Schritt unbedeutend oder winzig vorkommt … na und? Aber Deine Seele atmet auf und beginnt zu lächeln …

Ich werde oft gefragt, woher ich meine Überzeugung habe, dass Gott mich niemals verlässt, weil ich seine unendlich geliebte Tochter bin. Selbst in Augenblicken der schlimmsten Erschütterung ist Gott mit mir … vielleicht gerade dann am allermeisten. Seit meiner Kindheit habe ich mein Gottvertrauen, das ich heute viel bewusster als Gnade empfinde – denn auch mich hat das Leben ziemlich durchgerüttelt. Unsichtbare Fässer voll von Liebeskummertränen sind die Beweise dafür. Dennoch habe ich immer auf die Liebe Gottes vertraut, die mich hält und begleitet, die mich tröstet und wieder aufrichtet. Gott ist jener Teil meines Wesens, der allen Stürmen standhält in der Gewissheit, selbst den größten Kummer zu besiegen – wenn ich mich achte und lieb habe, und mit anderen Menschen ebenso umgehe.

Im Sommer 1992 erlebte ich ein Wunder. Ich durfte erkennen, was es bedeutet, geliebt zu sein. Drei Wochen lang sah ich alle Menschen so, wie sie ihrer Essenz nach wirklich sind: Strahlende, reine, weißglänzende Wesen, die mir eine so unvorstellbar starke Zuneigung entgegenbrachten, dass ich sie in Worten nicht wiedergeben kann. Und deshalb ist es mir jetzt umso leichter möglich, Dir diese immens große Liebe nahe zu bringen, die hinter allem Geschehen wirkt ... ja – die selbst einen Schicksalsschlag in ein Ereignis der Liebe verwandeln kann – wenn Du es ehrlichen Herzens willst. Dein Bekenntnis, die allerhöchste Liebesintelligenz in Deiner momentanen Situation wahrnehmen zu wollen, bewirkt dieses Wunder.

Körper

Dein Aussehen sowie Dein gesunder oder kranker Körper sind ebenso Spiegelbilder Deiner Geisteshaltung, wie alles andere rund um Dich. Ich erwähnte es schon – Du bist nicht Dein Körper ... sondern Du *hast* einen Körper, der Deine seelisch-geistige Verfassung haargenau widerspiegelt. Deine Gedanken, Deine Überzeugungen und Dein Glaube an das Gute oder Böse sind in jeder einzelnen Zelle Deines Körpers gespeichert und regieren das Zusammenspiel sämtlicher Körperreaktionen. Es ist also eine Reflexion DEINER geistigen Welt, ob Du dick bist oder dünn, groß oder klein, gesund oder krank. Wenn sich ein körperliches Symptom zeigt, kannst Du ganz sicher sein, dass ein zutiefst unbewusster Irrtum, ein falscher Glaube über Dich selbst ans Licht möchte. Und obwohl sehr viele Menschen immer noch Statements wie zum Beispiel: „Im Alter wird man halt krank" … oder „Irgend etwas hat jeder" … von sich geben, bleibt es dennoch wahr, dass der/die Betroffene selbst für diese geistige Fehlhaltung verantwortlich ist. Wenn Du Dich fraglos einer solchen Meinung anschließt, dann wird sie für Dich zur Wirklichkeit. Nur DEIN Bejahen führt dazu, dass Du Dich als Opfer Deiner Erkrankung fühlst und Hilfe nur von außen erwartest – anstatt IN DIR, in Deiner Meinung über die Welt und über Dich selbst, die Ursache zu suchen, zu finden und aufzulösen.

Irgendwo hab ich einmal den folgenden Satz gelesen: „Krankheit macht ehrlich". Ich bekräftige das von ganzem Herzen, weil ich begreife, dass der Körper nicht lügen kann, sondern bloß „Befehle" ausführt, die geistiger Natur sind. Wenn zum Beispiel in mir der Glaube besteht, dass „gute" Menschen jederzeit für andere da sein müssen, empfinde ich mich automatisch als rücksichtslosen Egoisten, wenn ich auf mein eigenes Wohlbefinden achte. In Folge vernachlässige ich mich selbst, vielleicht jahre- oder jahrzehntelang, um ein „guter Mensch" zu sein und die Bedürfnisse der anderen zu befriedigen. Mein Körper reagiert auf meinen Irrtum … auf meine lieblose Anweisung, dass sich „gute" Menschen selbst vernachlässigen, was dasselbe ist wie …

„Wenn ich mein Wohlbehagen in den Vordergrund stelle, bin ich ein schlechter Mensch." Es kann sein, dass mein Körper viele Jahre lang mitmacht und meinem falschen Glauben von Gut oder Böse gehorcht. Und zwar so lange, bis das Ungleichgewicht das erträgliche Maß überschritten hat. Krankheit macht ehrlich … wieviel Weisheit steckt in diesen Worten.

Im Spiegel Deines Symptoms erkennst Du Deine tatsächliche, momentane Verfassung. Wie innen – so außen. Wie Deine Geisteshaltung und Dein seelisches Befinden – so Dein Körper. Würden wir zu einem mutigen Experiment bereit sein, und für einen Moment sämtliche Pillen, Sehbehelfe, Zahnersätze und Krücken beiseite lassen, dann hätten wir sofort ein ehrliches Spiegelbild von uns selbst. Bitte verstehe das richtig. Ich bewundere, was die Schulmedizin leistet und achte deren Erfolge. Was ich aufzeigen möchte, ist die Tatsache, dass wir uns allzu leicht von unserem lieblosen Selbstbild entfernen, wenn wir die alleinige Kompetenz für die Heilung unserer Symptome den Tabletten zuschanzen. „Die machen mich gesund, also halte ich meinen Lebenswandel wie bisher aufrecht" … ist dasselbe wie „Jemand oder etwas anderes als ich selbst, kann mich heilen". Die Heilmittel der Schulmedizin zielen hauptsächlich auf Unterdrückung oder Entfernung von Symptomen. Ja, ich wage das zu behaupten, ohne damit deren Erfolge schmälern zu wollen. Schon Paracelsus hatte erkannt, dass Heilung durch das Ähnliche geschieht, nic durch das Gegenteil. Wir finden das in der Homöopathie, wo zum Beispiel einem Patienten mit Magengeschwüren das Gift der Tollkirsche, Belladonna, in hochpotenzierter Form verabreicht wird. Es ist das Ähnliche, das hilft … nicht nur die Entfernung des Geschwürs. Wenn wir unsere Symptome „entfernen", ohne in deren Spiegel zu schauen (Was sagt mir mein Symptom?), dann ist das so, als würden wir in unserem Auto nur die Öldruckkontrolllampe entfernen, anstatt das einzig Notwendige zu tun: Öl nachzufüllen!

Dein Symptom will Dir etwas sagen, wie ein guter Freund, der Dich vorerst sanft auf etwas hinweist, mit dem Du Dir selbst Schaden zufügst. Im Spiegel Deiner Erkrankung kannst Du erkennen, in welchem Punkt Du Dich zu wenig achtest und zu wenig liebst. Noch deutlicher … wo DU DICH missachtest. Ein körperliches Symptom tritt dann in Erscheinung, wenn Du Deine Identität als Liebeswesen über einen sehr langen Zeitraum vernachlässigt und einer unbewussten Überzeugung gefolgt bist, die Liebe in keinster Weise fördert. Über die Funktionsweise und den analogen Zusammenhang zwischen Körperorgan und Symptom kannst Du in vielen guten Büchern nachlesen (z.B. „Krankheit als Weg" Th. Dethlefson, R. Dahlke, „Die Botschaft Deines Körpers" K. Tepperwein, „Gesundheit für Körper und Seele" L. Hay).

Wenn Du das Spiegelgesetz als Schlüssel zu Deiner Gesundung anwenden möchtest, halte ich folgendes Erstbekenntnis für das Allerwichtigste: *„ICH SELBST bin es, der/die in einem ganz bestimmten Punkt falsch,* *negativ und selbstschädigend denkt – auch wenn ich davon bewusst noch nichts weiß. Ich folge damit unbewusst einem Fehlglauben, der wahrscheinlich schon über Generationen in unserer Familie regiert. Ich befinde mich daher in einer Negativ-Energie, die wahrscheinlich schon meine Urahnen quälte. OK, im Moment ist das so, ich akzeptiere es voll und ganz. Aber ich bin bereit, mich davon zu erlösen – und damit alle anderen rund um mich."*

In dem Moment Du die volle Verantwortung für Dein Symptom übernimmst und es als Deine eigene Schöpfung bejahst, hast **DU** den Schlüssel zu Deiner Heilung zusammen mit den behandelnden Ärzten in der Hand. Und das halte ich für eine großartige Sache. Schließlich geht es um das Wohlergehen DEINES Körpers und damit gleichzeitig um die Genesung DEINER Geisteshaltung. Wenn Du Dein Bewusstsein nur auf Frieden und Liebe richtest, werden Frieden und Liebe zu Deiner Wirklichkeit. Wenn Groll in Dir ist oder Schuld … und Du Dich nicht traust, Dein inneres Brodeln und Deine Verletztheit zu äußern, suchen sich Deine Gefühle höchstwahrscheinlich ein Ventil in Deinem Körper. Deine inneren Schmerzen entsprechen den äußeren Schmerzen, die Du Dir selbst (!) durch unbewusstes Negativ-Denken zufügst.

Es IST möglich, den falschen Glauben zu artikulieren, mit dem Du Dich herumplagst. Und es IST auch möglich, ihn aufzugeben. Erst kürzlich hatte ich

Schmerzen in der linken Schulter. Bei bestimmten Seit- oder Aufwärtsbewegungen spürte ich einen heißen Stich durch den ganzen Arm bis ins Handgelenk. Dadurch wurde mir bewusst, dass ich glaube, eine Last tragen zu müssen und zwar eine gefühlsmäßige (= links). Weiters wurde mir klar, dass ich mich schuldig fühle, wenn ich diese Last abstreife. Mein schmerzender linker Arm wies mich also auf eine zutiefst unbewusste Überzeugung hin. Auf das Verbot, kranke Männer nicht verlassen zu dürfen … sonst bin ich eine schlechte Frau, eine schlechte Partnerin … ja überhaupt als ganzes schlecht. Ich erkannte durch mein Symptom, dass ich keinem Menschen etwas abnehmen kann, das er sich selbst aufbürdet. Ich kann ihn freiwillig begleiten, dann tue ich's gerne und aufrichtig, aber genauso darf ich gehen, in dem Bewusstsein, dass jeder von uns für seine Gesundung selbst verantwortlich ist.

Wenn Du nächstes Mal Deinen Körper betrachtest, sei Dir bitte bewusst, dass er die exakt Dir entsprechende Behausung Deines Geistes und Deiner Seele ist. Was immer sich an Deinem Körper zeigt, ist ein Spiegelbild Deiner liebevollen oder lieblosen Gedanken über Dich selbst. Vor etwa einem Jahr bekam ich eine Herpes-Infektion im ganzen Gesicht. Ich weiß es noch wie heute … es war der Faschingsdienstag, als mein Symptom den Höhepunkt erreicht hatte und ich verschwollen und weinend zu Hause saß. Mein Gesicht war als das meine kaum noch zu erkennen, überall Eiterpusteln und rotumrandete Bläschen, deren Narben mir teilweise bis heute geblieben sind. Mein Körper spiegelte mir, wie ich schon Monate zuvor über mich gedacht hatte. Er zeigte mir mehr als deutlich mein (negatives) Selbstbildnis: „Ich bin hässlich, ganz besonders meine Kummerfalten im Gesicht."

Die Sprache des Körpers zu verstehen, ist einfacher, als Du wahrscheinlich vermutest. Im Spiegel Deines Körperbaus, Deiner Haut, Deiner Augen und Ohren, Deiner Körpergröße usw. siehst Du Deine Einstellung zu Dir selbst, zum Leben und zu den anderen. Ist Dein Körper knackig, sportlich, drahtig … gebaut, kannst Du zum Beispiel daran Deine innere Festigkeit, Deine Beharrlichkeit, vielleicht auch Starrheit, erkennen. Bist Du von einem Fettmantel umgeben, willst Du Dich unbewusst vor etwas schützen und bist ständig auf der Hut, usw. Zu dieser Thematik findest Du im Buchhandel genügend Material.

Beruf

Selbstverständlich spiegeln sich auch in Deiner beruflichen Tätigkeit Dein Denken, Deine Überzeugungen und Deine Glaubenssätze. Musst Du hart arbeiten und Dich wirklich plagen, kann Dir diese Tatsache zu einer Selbsterkenntnis verhelfen. Dein schwerer Beruf entspricht nämlich ganz genau Deiner Geisteshaltung zum Thema Geldverdienen. Deine Gedanken könnten etwa so klingen, würden sie Dir bewusst sein und sie aussprechen: „Das Leben ist nun mal hart … von nichts kommt nichts … alles im Leben muss man sich erarbeiten … Plagerei gehört dazu …" Diese Gedanken sind Dir wahrscheinlich überhaupt nicht bewusst. Meistens ist es so, dass wir automatisch das Gedankengut unserer Eltern und Großeltern übernehmen. Wir setzen fort, was sie uns vermittelt haben, ohne zu hinterfragen, ob das auch für uns stimmt. Dein Beruf sollte aber DIR entsprechen und nicht die Einstellung Deiner Eltern widerspiegeln.

Es kann sein, dass Du jemanden kennst, der seinen Beruf wirklich liebt – während Du Dich jeden Tag missmutig zu Deiner Arbeitsstelle schleppst. Wenn das so ist, dann erforsche bitte Deinen Geist – anstatt nur neidisch zu reagieren. DU bist es, der Deinen jetzigen Beruf gewählt hat. Und wenn es einer ist, mit dem Du keine Freude hast oder ein zu geringes Einkommen, dann kannst Du die Ursache dafür nur in Deinem Denken und Glauben finden – nirgendwo sonst. Vielleicht glaubst Du, dass sich Beruf und Freude auf keinen Fall vereinbaren lassen … oder Du fühlst Dich als Erwachsener immer noch verpflichtet, die Überzeugung Deiner Eltern zu leben … oder Du erklärst Deine Leistungen als so minderwertig, dass sie kein höheres Entgelt verdienen. Wie auch immer Deine wenig liebevollen Gedanken klingen, es sind und bleiben DEINE!

Wenn ich auf einen meiner lieblosen Gedanken draufkomme, bedanke ich mich aufrichtig – nur neige ich manchmal immer noch dazu, mich deswegen zu kritisieren. Deshalb bitte ich Dich um Vorsicht und um Selbstakzeptanz. Wenn wir das Spiegelgesetz als Schlüssel zum Glücklich-Sein anwenden wollen, müssen wir unsere geistige Revision urteilslos durchführen. Wir sind keine schlechten Menschen, nur weil wir irgendwann von irgend jemandem gelernt haben, negativ zu denken … anstatt das Gute, das Leichte, das Selbstverständliche in den Mittelpunkt unseres Leben zu stellen.

Ich glaube, jeder von uns folgt einem bestimmten inneren Ruf, der seine Tätigkeit zum Geldverdienen bestimmt. Im glücklichsten Fall findet also Deine innere Sehnsucht ihren Ausdruck in Deinem Beruf. Du folgst Deiner wahren Berufung. Wenn nun Dein innerer Ruf auf das Gedankengut Deiner Vorahnen konzentriert ist – und nicht auf DEINES – kann es sein, dass Du an Deiner Arbeitsstelle immer mehr Frust erlebst. Dann wäre es an der Zeit, in den Spiegel zu schauen und DICH als Verursacher/in der gegebenen Situation zu erklären. Nicht die viele Arbeit … nicht der brüllende Chef … nicht das geringe Entgelt … nicht der weite Weg in die Firma … nicht die langweilige Tätigkeit … mit einem Wort – *nicht die Umstände* sind für Deine Unzufriedenheit verantwortlich – sondern es ist genau umgekehrt: Die gegebenen Umstände sind deswegen für Dich konkrete Tatsachen geworden, weil **DU** an genau diese Umstände glaubst! „Jedem geschehe nach seinem Glauben" steht in der Bibel geschrieben und ich bekräftige das zutiefst.

Es scheint so zu sein, dass wir oft verschiedenen Rufen folgen. Mal hier, mal dort etwas ausprobieren, um Geld zu verdienen … bis sich wiederum herausstellt, dass es noch immer nicht das Richtige ist. Ich werde öfter gefragt, wie man seine wahre Berufung findet. Und das will ich Dir gerne aus meiner eigenen Erfahrung verraten:

Deine Berufung ergibt sich aus einer Summe von Faktoren. *Sie ist eine optimale Mischung von Begabungen und Talenten, die Du schon als Kind hattest und angelernter Fähigkeiten, die Dir Freude bereiten.* Damit diese Interpretation noch besser in Dich hinein sickert, formuliere ich sie zum Vergleich negativ: Deine Nicht-Berufung lässt sämtliche Begabungen und Talente, die Du schon als Kind hattest, außer acht und stützt sich hauptsächlich auf angelernte Fähigkeiten, die Dir im Grunde Deines Herzens zuwider sind.

Und jetzt kommt es darauf an … welchem Ruf Du bereit bist, zu folgen. Ich bin davon überzeugt, dass nur unsere wahre Berufung zu wirklichem Wohlstand führt. Nicht nur zu finanziellem Reichtum, sondern auch zu körperlichem und seelischem Wohlbehagen, einem Gefühl der Sättigung und der totalen Zufriedenheit. Warum scheint es trotz dieser wunderbaren Aussichten oft so schwierig zu sein, sich der wahren Berufung voll und ganz hinzugeben? In vielen meiner Workshops haben wir uns dieser Frage ausgeliefert, mit dem Ergebnis, dass wiederum die eigene Negativ-Einstellung dafür verantwortlich ist, wenn wir freudlos in unserer Nicht-

Berufung ausharren. Ich möchte hier nur ein paar Glaubenssätze ansprechen, die wir mit Gottes Hilfe erkannt und aufgegeben haben, indem wir sie verbrannten:

„Ich verhungere sonst" … „Ich gehe unter" … „Ich bin ein Versager" … „Man muss tun, was vorgegeben ist" … „Meine Existenzangst ist stärker, als mein Glaube" … „Ich kann nichts anderes" … „Ich bin dumm und zu alt" …

All diese Gedanken bewirken eine Selbstdarstellung, die Unwürdigkeit ausdrückt. Wie könnte es dann sein, dass der Betroffene seine wahre Berufung erkennt und ihr folgt? Wo er sich selbst als Wesen deklariert, das voller Ängste steckt und nichts kann?

Zurück zur wahren Berufung. Ich erzähle Dir jetzt meine Geschichte:

Schon als 6jährige gelang es mir mühelos, andere Kinder um mich zu scharen. Sie akzeptierten mich automatisch als Gruppenanführer, wenn es um unsere nächsten Aktivitäten ging. Wir spielten, was ich vorschlug. Alle waren damit einverstanden und freuten sich, meine Ideen zusammen mit mir in die Tat umzusetzen. Es gelang mir ebenso leicht, weinende Kinder aus ihrer Isolation herauszureißen, sie neu zu motivieren und wieder zum Lachen zu bringen. Auch mein Organisationstalent war schon da, wie auch meine wunderbare Gabe zu improvisieren. Ich konnte schon als kleines Mädchen aus „nichts" etwas machen, weil ich einfach die Dinge nahm, die mir jetzt an Ort und Stelle zur Verfügung standen. Mein erster Zeitungsartikel wurde veröffentlicht, als ich 8 Jahre alt war. Gedichte zu schreiben habe ich mit 15 begonnen, Tagebuch mit 16. Im Gymnasium war Psychologie mein Wahl-Maturafach und mit 18 las ich mein Einstiegsbuch ins analoge Denken: „Schicksal als Chance". Mein erstes bewusstes Gotteserlebnis hatte ich mit 11. Auf einem Spaziergang durch den Kirchenpark wurde mir plötzlich innerhalb von Sekunden klar, dass ich niemals alleine bin, weil Gott in mir ist. Ich hab das so deutlich gespürt, dass ich es heute mit 53 noch immer nachempfinden kann. Mit 20 lernte ich mit Begeisterung Maschinschreiben, mit 22 schaffte ich mühelos und leicht das Goldene Leistungsabzeichen, das sind 3600 fehlerlose Anschläge in zehn Minuten. Nach einigen Jahren Bürotätigkeit wurde ich mit 28 Lehrerin für Maschinschreiben und Textverarbeitung. Warum ich Dir das alles so ausführlich berichte? Weil ich Dir beweisen möchte, dass nicht nur meine wahre Berufung schon in den Kinderschuhen gegenwärtig war, sondern auch Deine.

Als Autorin und Seminarleiterin lebe ich heute meine Berufung. Ich folge damit nicht nur meinem inneren Ruf zu schreiben, sondern lebe zugleich jene Begabungen aus, die mir schon in die Wiege gelegt wurden. Ich werde nach wie vor als Gruppenleiterin anerkannt und geschätzt. Heute sind es Erwachsene, die ich motiviere, in den eigenen Spiegel zu schauen. Ich habe nach wie vor viele Ideen, um Menschen aus ihrer Isolation zu befreien und sie zum Lachen zu bringen – und das tue ich. Es gelingt mir nach wie vor, mit wenigsten Mitteln ein Kunstwerk zu improvisieren. Sei es beim Kochen oder bei der Herstellung eines Skriptums. Meine Bücher fließen direkt von meinem Geist in die Tastatur. Meine angelernte Fähigkeit des schnellen Maschinschreibens kommt dabei voll zur Geltung. Psychologie, das senkrechte Weltbild und analoge Zusammenhänge haben mich, wie vorhin erwähnt, schon als Teenager fasziniert. Heute lehre ich in meinen Workshops die Anwendung des Spiegelgesetzes. Genauso ist es mein Anliegen, in möglichst vielen Menschen das Verständnis des Analogiegesetzes zu fördern: Wie innen – so außen, wie oben – so unten, wie im Großen – so im Kleinen.

Jeder Gedanke ist ein geistiger Schöpfungsakt, der Dir konkrete Folgen beschert. Ich kann es nicht oft genug betonen. Wenn Du also Deine momentane Berufssituation unter die Lupe nimmst, kannst Du DICH darin erkennen. Wenn meine Workshop-Teilnehmer von ihren Berufen erzählen, habe ich sofort den Spiegel ihres Selbstwertgefühls vor Augen. Erst vor kurzem berichtete eine Mutter von fünf Kindern, sie sei zusätzlich noch in einem Altersheim tätig. Auf meine Frage, warum sie sich ein derart hohes Leistungspensum aufbürdet, antwortete sie: „Sonst bin ich ein Schmarotzer".

Es war IHR unausgesprochener Glaube, eine Schmarotzerin zu sein – und damit unwürdig und wertlos – wenn sie trotz der großen Kinderschar nicht noch zusätzlich Geld verdient! Man stelle sich das vor! Umgekehrt fühlte sie sich wertvoll – wenn sie sich mit einem Haufen Arbeit total verausgabte. Wir haben uns alle miteinander beim lieben Gott bedankt, als Frau B. ihre Fehlüberzeugung erkannte und aufgab (Methode in vier Schritten, Kapitel 4.), denn es ist fürwahr kein Schmarotzertum, wenn eine fünffache Mutter vom Verdienst ihres Gatten lebt.

An der Leichtigkeit oder an der Schwere Deines momentanen Berufs kannst Du also DEINE Überzeugung an ein leichtes oder schweres (Über-)Leben erkennen. In der Höhe Deines Einkommens siehst Du den Wert gespiegelt, den Du Dir selbst für Deine Leistungen gibst. Denn von außen kann immer nur das zu Dir kommen, was innen ist – in Deinem Geist und in Deiner Seele.

Haustier

Irgendwann schreibe ich ein ganzes Buch zu diesem Thema, das den Leser bestimmt zum Schmunzeln bringt. Denn es ist tatsächlich wahr, dass wir uns auch in unserem Haustier erkennen können. Es ist wahr, dass wir unseren Zustand – geistig, seelisch und körperlich – an unseren vierbeinigen oder gefiederten Mitbewohnern gespiegelt sehen. Ich beschäftige mich schon viele Jahre mit diesem Thema, beobachte selbst und sammle gleichzeitig all die wundersamen Geschichten zwischen Tier

und Mensch, die mir die Leute erzählen. Selbstverständlich habe auch ich viele bereichernde Erfahrungen
mit Haustieren gemacht, besonders mit meiner Hündin
Jeannie. Zwei Erlebnisse mit der pfiffigen Pudelmisch-
lingsdame möchte ich Dir erzählen. Die Spiegelbilder,
die sie mir bescherte, öffneten mir zwei Tore: Ich fand
den Weg in mein Unterbewusstsein, wo sich ein total
verdrängtes Erlebnis aus meiner Kindheit befand. Ich
fand aber auch zur allerhöchsten Wahrheit, die ich Gott
nenne. Heute ist mir längst bewusst, dass mir mein Haustier – genauso wie alles andere rund um mich – immer
nur das vor Augen halten kann, was **ICH** in mir habe.
Das Gute und das Böse ... das Angenehme und das
Unangenehme ... das Bewusste und das Unbewusste.
Mein Tier nimmt MEINE Energie auf und reagiert dementsprechend. Es passiert genau das, was MEINE seelisch-geistige Verfassung widerspiegelt. Ja mehr noch.
Ich habe Beweise dafür, dass sich Tiere für unsere Heilung zur Verfügung stellen, auch wenn sie selbst daran
zugrunde gehen. Ich wage sogar zu behaupten, dass die
Seele meiner Hündin mir zuliebe wiedergeboren wurde,
in Gestalt eines Yorkshire-Terriers namens Bonnie. Und
jetzt erzähle ich Dir meine Geschichte.

Mein Pudelmädchen Jeannie war erst ein paar Monate
alt, noch nicht geschlechtsreif, als vor meinen Augen
Folgendes passierte. Ein Rüde fiel über sie her und ver-
gewaltigte sie. Das kommt normalerweise nicht vor,
denn nur eine läufige Hündin stimuliert den Geschlechts-
trieb eines Rüden. Die Deckung selbst ist nur in der

Stehzeit möglich, das sind 2 – 3 Tage, wo die Hündin bereit ist, sich zu paaren. Dieses für mich und meine Hündin schmerzliche und ungewöhnliche Ereignis öffnete mir das Tor zu einem Erlebnis aus meiner Vergangenheit. Mehr möchte ich dazu nicht sagen. Für mich war dieses Erkennen ein Beweis, dass das Spiegelgesetz auf jeden Fall funktioniert – ob ich das wünsche, oder nicht. Außen kann ich immer nur das sehen … kann sich immer nur das ereignen … was IN MIR ist. Weil mein Bewusstsein UND mein Unterbewusstsein als geistig-schöpferische Ursache wirkt. Nur was ICH aussende, das kommt zu mir in konkreter Form zurück. Und deswegen halte ich so viel vom Spiegelgesetz. Ich brauche die aktuelle Situation nur anzusehen und erkenne MICH. Ich brauche nur zu akzeptieren, dass ICH es bin, der/die die gegebene Situation in seinem (Unter-)Bewusstsein hat – und sofort ist die Selbsterkenntnis da!

Jeannie litt seit ihrer Geburt an einer Nierenerkrankung. Seit ihrem Schreckenserlebnis mit dem Rüden ging sie fast jedem Hund aus dem Weg. Ihr Vertrauen war gebrochen. Im Alter von viereinhalb Jahren versagten plötzlich beide Nieren. Sie wollte nicht mehr laufen, nicht mehr fressen, in ihren letzten Stunden konnte sie kaum noch auf ihren Beinen stehen. Acht Stunden lang waren wir beim Tierarzt. Jeannies Nierenwerte waren so schlecht, dass der Doktor zuerst glaubte, sein Apparat wäre kaputt. Er wiederholte die ganze Prozedur, gab ihr noch zwei Infusionen … aber Jeannie stand nicht mehr auf. Sie lag auf dem Boden der Ordination und sah zu mir herauf. Ich weinte fürchterlich. Mein Herz drohte zu zerspringen, während meine Knie versagten. Und dann geschah etwas, das ich als Gotteserlebnis empfinde. Ich konnte plötzlich Jeannies Sprache verstehen, die aus ihren Augen kam. Aus weiter Ferne hörte ich aber auch, was der Arzt sagte: „Seltsam, bei einem todkranken Hund habe ich noch nie so klare Augen gesehen", während mir gleichzeitig meine sterbende Hündin Folgendes versprach: „Bitte weine nicht. Frauli. Ich komme ja wieder!" In der darauffolgenden Nacht hat Jeannie bei uns zu Hause ihren Körper verlassen.

Die Geschichte geht noch weiter, doch halte ich es jetzt für angebracht, die beschriebenen Spiegelbilder für Dich zu entschlüsseln. Ich hatte in Jeannie den damals mir entsprechenden Hund. Nierenerkrankungen deuten auf Partnerprobleme hin – und die hatte ich seit meiner Teenagerzeit. Auch ich ging den Männern aus dem Weg, weil ich mich vor ihnen fürchtete. Mein Vertrauen war gebrochen. Es gab viele traurige und einsame Momente in meinem Leben, wo ich diese Welt am liebsten verlassen hätte. Ich dachte ans Sterben. Nur das hat mein Hund für mich übernommen, so empfinde ich es wirklich.

Nach drei Jahren erwachte in unserer Familie wieder die Sehnsucht nach einem Hund. Bei einem Spazier-

gang durch ein Einkaufszentrum lernte ich „zufällig"
eine Frau kennen, die eine trächtige Yorkshire-Terrier-
Hündin bei sich hatte. „Morgen soll es so weit sein"
meinte sie, „rufen sie mich an." Und so kam es, dass
wir unsere kleine Bonnie im Alter von 5 Tagen zum
ersten Mal sahen. Sie war genauso groß, wie mein Dau-
men und ähnelte einem Mini-Mini-Rottweiler. Jeannies
letzte Worte hatte ich längst vergessen, oder verdrängt
… ich weiß es nicht mehr. Jedenfalls fielen sie mir
plötzlich wieder ein, als ich mit der inzwischen ein-
jährigen Bonnie an der Neuen Donau spazieren ging.
„Ich komme ja wieder …" Ein feuriger Blitz durch-
zuckte mein Herz, als mir Jeannies letzte Worte bewusst
wurden. Vor mir das winzige Hündchen Bonnie, kaum
zwei Kilogramm schwer. Sie schnüffelte im Gebüsch,
wahrscheinlich um die aktuelle Hunde-Tageszeitung zu
lesen.

Bestimmt willst Du jetzt erfahren, wie ich heraus-
fand, dass die Seele von Jeannie als Yorkshire-Terrier-
Weibchen wiedergeboren wurde. Mein erster Hund war
außergewöhnlich begabt. Unter anderem konnte Jeannie
auf dem Fernsehschirm Menschen von Tieren unterscheiden. Tauchte in irgend einem Film ein Hund, eine
Katze, ein Pferd … ja sogar ein Fisch auf, bellte sie
und fraß sofort ihren Futternapf leer. Bei Personen tat
sie das nicht. Liebend gerne holte sie Steine aus dem
seichten Wasser, die ich hinein geworfen hatte. Mit der
rechten Vorderpfote schürte sie so lange, bis sie den

Stein ins Maul bekam. Oft tauchte sie dabei den ganzen Kopf unter Wasser. Anschließend trug sie die geborgenen Steine ans Ufer und stapelte sie zu einem Berg. „Einen Versuch ist es wert", dachte ich im Stillen und warf einen Kieselstein ins seichte Wasser. „Bonnie, hole den Stein!" befahl ich unserem Yorki-Mädchen. Und obwohl ich dieses Kunststück nie zuvor mit ihr trainiert hatte, lief Bonnie sofort zum Wasser … schürte mit der rechten Vorderpfote so lange, bis sie den Stein ins Maul bekam … und trug ihn ans Ufer. Dann blitzte sie mich mit ihren hellwachen Augen an und ließ mich wissen, dass das Spiel weitergehen soll. Genauso wie mein erster Hund formierte Bonnie in Ufernähe einen ganzen Berg aus bunten Donausteinen … Wenn Dir dieser Beweis für eine Wiedergeburt zu gering ist, bitte ich Dich, dieses kleine Experiment an (D)einem Hund auszuprobieren – ohne ihm vorher zu zeigen, was ein Stein ist und ohne vorher das Apportieren trainiert zu haben. Sage ihm nur: „Hol den Stein", und schau, ob und wie Dein Hund reagiert! Bitte schreibe mir, ob Du einen Hund kennst, der via Bildschirm Schlangen, Fische, Katzen usw. von Personen unterscheiden kann, indem er z. B. bellt, knurrt oder frisst, wenn irgend ein Tier im Film auftaucht, während er bei Schauspielern auf dem Bildschirm genüsslich dahindöst.

Ich bin davon überzeugt, dass wir im Spiegel unserer Haustiere immer UNSERE momentanen Stimmungen sehen. Besonders mit jenen, **die wir an uns selbst negieren.** Das Tier nimmt UNSERE Energie auf und reagiert dementsprechend! Der Rottweiler kann nichts dafür, ein Killerhund geworden zu sein ... der wirkliche Killer ist sein Besitzer, der sich seine aggressiven Neigungen nicht eingesteht! Mir kommen die Tränen, wenn ich höre, dass ein Hund wegen seiner Angriffslust erschossen werden musste – anstatt seinen Herrn unter ärztliche Aufsicht zu stellen und ihn mit SEINEN unbewussten und unkontrollierten Aggressionen zu konfrontieren! Ich bin mir sicher: Jede vierpfötige Bestie würde sich in liebeskundigen Händen in das Wesen zurückverwandeln, das es in Wahrheit ist: Ein unschuldiges Gottesgeschöpf.

Ein beherzter Blick auf Deine Haustiere lohnt sich also für Dich. Vorausgesetzt, Du WILLST Dich erkennen und hast Dich gegen jegliche Art von Vogel-Strauß-Politik bezüglich Deiner Unbewusstheit über Dich selbst entschieden. Wenn Du zum Beispiel ein Katze hast, die sich kaum flauschen lässt und sich lieber im Kasten versteckt ... siehst Du DEINE Abwehr gegen zärtliche Berührungen gespiegelt und kannst DEIN Versteckspiel darin erkennen. „Wovor oder vor wem verstecke ich mich, anstatt mich zuzuwenden?" wäre die richtige Frage, die Licht auf Deine blinden Flecken wirft.

Wenn Dein Hund pausenlos mit fragenden Augen an Dir klebt, besonders während Du etwas Dringendes zu erledigen hast ... siehst Du DEINE mangelnde Zuwendung Dir selbst gegenüber gespiegelt. Die fordernde Beharrlichkeit Deines Hundes spiegelt DEIN Bedürfnis nach Zuwendung. Wahrscheinlich folgst Du lieber Deinem überbetonten Pflichtbewusstsein, anstatt auf Dein inneres Kind zu horchen, das zwischendurch auch mal lachen und spielen möchte. Folgende Fragen helfen Dir in diesem Fall bestimmt weiter: „Was genau tue ich wirklich gerne? Woran erfreut sich mein Herz? Wann habe ich das letzte Mal dafür gesorgt? Warum verweigere ich mir das? Welche Überzeugung muss ich wohl haben, dass ich meine wirklichen Bedürfnisse überhaupt nicht mehr wahrnehme?"

Spinnen, Schlangen und alle anderen exotischen Haustiere spiegeln natürlich auch einen Wesenanteil des Besitzers. Ich wähle am besten ein einfaches Beispiel: Wenn sich in MEINEM Bewusstsein ein Krokodil aufhält und dort seinen Platz behauptet, dann MUSS es auch im Außen in Erscheinung treten. Der Wunsch nach einem lebendigen Krokodil entspricht meinem Wunsch, mit dem *„unsichtbaren Krokodil in mir"* Kontakt aufzunehmen. Ich bin davon überzeugt, dass exotische Haustiere eher unsere Schattenseiten spiegeln, das sind jene, zu denen wir am wenigsten Verbindung haben und zu denen es uns doch am meisten hinzieht. Der Besitzer einer Tarantel zum Beispiel will sich mit jenen Eigenschaften konfrontieren, die wir der Tarantel zuschreiben: Giftig, gefährlich, unberechenbar, tödlich … Im Spiegel seiner Tarantel findet der Besitzer Zugang zu seiner eigenen Giftigkeit, Gefährlichkeit und Unberechenbarkeit. Es ist immer dasselbe Prinzip: Wie innen, so außen. Achtung: Wer mit seiner eigenen Giftigkeit

Frieden geschlossen hat, braucht weder Giftschlangen, noch giftige Spinnen als Haustiere.

Auf viele lustige und berührende Beispiele mit Haustieren möchte ich in diesem Büchlein verzichten. Wie schon erwähnt, habe ich vor, einen eigenen Band darüber zu schreiben.

Damit Du motiviert bist, in Hinkunft nicht nur in Deinen Vorzimmerspiegel zu blicken, sondern auch in Deinen Haustier-Spiegel, erzähle ich Dir abschließend noch eine wahre Geschichte. Sie möge Dir als Beweis dienen, dass Tiere aus reiner Liebe zu uns Menschen sogar ihre Gesundheit opfern.

Der zweijährige David litt seit Tagen an hohem Fieber und medizinisch unerklärbaren Bauchschmerzen. Trotz Verabreichung der verschriebenen Medikamente änderte sich kaum etwas an seinem Zustand. Mit hochrotem Gesicht lag David in seinem Bettchen und dämmerte dahin. Aus hygienischen Gründen hielt man die Hauskatze vom Kinderzimmer fern. Dennoch passierte es, dass Minka in einem unbeobachteten Augenblick hineinschlüpfte und zu David ins Bett sprang. Sie machte sich ganz lang, schmiegte ihren Körper an Davids linke Seite und verharrte regungslos in dieser Position. Von diesem friedlichen Bild zutiefst beeindruckt, verzichteten David's Eltern darauf, Minka zu verscheuchen. Tatsächlich blieb die Katze über fünf Stunden lang im Krankenbett, bis sie es von selbst verließ. David war nach diesen fünf Stunden fieberfrei und aß mit Begeisterung seinen Gemüsebrei. Minka fand man später im

Vorzimmer. Sie lag gekrümmt in einem Winkel und rührte sich kaum noch. Der Tierarzt stellte extrem hohes Fieber fest und Schmerzen im Bauch … Aber Gott sei Dank ist die Geschichte letztendlich auch für Minka gut ausgegangen. Allen, die sich für die Kommunikation zwischen Tier und Mensch interessieren empfehle ich das Buch „Zwiesprache mit Tieren" von Arthur Myers.

Auto

Die Silbe „auto-" bedeutet „selbst" … autonom … autodidaktisch … autogen … usw. sind Begriffe, die Dir bestimmt geläufig sind. Nur – hast Du schon einmal darüber nachgesonnen, warum Dein vierrädriger, fahrbarer Untersatz nur als „Auto" bezeichnet wird? „Mein Auto" heißt übersetzt nichts anderes, als „Mein Selbst". Und deswegen halte ich das Auto für besonders aussagekräftig, wenn es um den Gewinn von SELBST-Erkenntnissen geht. Natürlich könntest Du jetzt allerlei Gegenargumente vorbringen: „Das Auto ist bloß eine Anhäufung von Blech, Lack und Drähten – kein Lebewesen. Das Auto unterliegt anderen Gesetzen – nicht den geistigen", usw. Dennoch bin ich davon überzeugt, dass wir unsere seelisch-geistige Verfassung sowie unsere Gedankenkonstruktionen an unseren Autos gespiegelt sehen. Wir können vom Zustand unserer Autos einen Rückschluss auf unser Denken, unsere Überzeugungen und unsere Glaubenssätze ziehen.

Ich bin mir darüber bewusst, dass alles rund um mich immer nur ein analoges Bild meiner selbst ist. Warum sollte dann ausgerechnet mein Wagen eine Ausnahme darstellen? Meine willentlichen Gedanken sind Schöpfungsakte, die eine dementsprechende Form hervorbringen. Genauso rufen aber auch meine unbewussten Denkschemata etwas Konkretes in meinem Leben hervor. Einen Defekt an meinem Auto zum Beispiel, oder einen Unfall. Es ist kein bloßer Zufall, wenn meine Windschutzscheibe von einem Felsbrocken getroffen und zertrümmert wird … auch ist kein böses Schicksal daran schuld, wenn jemand meinen Wagen stiehlt … und sollte ich eines Morgens einen tiefen Kratzer an der linken Vordertüre bemerken, könnte ich trotz meines Ärgers noch etwas anderes tun. Ich könnte mich zum Beispiel fragen, wer es ist, dem ich zur Zeit erlaube, so sehr an meinen Gefühlen zu kratzen, dass es schmerzt. Die weiteren Fragen ergeben sich aus der ersten: „Warum glaube ich, emotionale Schmerzen erdulden zu müssen? Welchen Gewinn schöpfe ich daraus? Bin ich etwa davon überzeugt, dass Schmerz ein Ausdruck von Liebe sein soll?"

Jeder Defekt an Deinem Auto ist ein Gleichnis und demnach eine analoge Aussage über Dich selbst.

Jeder Schaden an Deinem Wagen entspricht irgend einer Lieblosigkeit, die Du Dir unbewusst selbst zufügst. Und deswegen halte ich das Auto für einen besonders guten, leicht entschlüsselbaren Spiegel, den eigenen Negativüberzeugungen auf die Schliche zu kommen. Es folgen jetzt ein paar Beispiele, die Dich motivieren sollen, beherzt und mit einem Lächeln auf Dein Auto zu blicken … weil Du es ja bist, den Du da gespiegelt siehst. Allen, die darüber Genaueres erfahren möchten, empfehle ich mein Buch „Mein Auto spiegelt mich" (Ennsthaler Verlag, 2001).

Wenn die Karosserie Deines Autos beschädigt wird…
bist Du soeben dabei, den Schleier Deiner gewohnten Abgrenzungsmechanismen zu lüften. Dein Alltagsgesicht gerät ins Wanken, Du kannst es auch Rollenspiel oder Maske nennen. Je größer die beschädigte Fläche an der Karosserie Deines Wagens ist, desto dringender ist Deine Bereitschaft, Dich in einem ganz bestimmten Punkt (welcher? wann? mit wem?) anders als bisher zu zeigen. Es ist ein Unterschied, ob Dein Auto von einem Felsbrocken getroffen wird oder ob Du beim Ausparken einen Zaun streifst. Analog dazu spiegelt der erste Fall die Vehemenz Deiner akut gewordenen Persönlichkeitsverwandlung, während das Beispiel mit dem Zaun einen sanfteren Hinweis darstellt, dass Du ein bestimmtes Rollenverhalten überdenken solltest, das Deinem wahren Wesen in keinster Weise entspricht.

Wenn der Starter streikt …
kannst Du aus diesem Spiegelbild Deiner selbst folgenden Schluss ziehen: „ICH springe in einer derzeit

aktuellen Angelegenheit (welche?) nicht an. MIR fehlt die Power, der Mut, der Entschluss dazu (warum? was hindert mich?)." Die defekte Startvorrichtung spiegelt Deine unbewusste Weigerung, eine bestimmte Sache anzupacken. Du könntest Dich demnach fragen, welche Ängste es sind, die Deinen Start in eine neue Lebenssituation verhindern ... und sie infolgedessen auflösen.

Wenn Dein Wagen Treibstoff verliert ...
spielt sich dieser Verlust analog dazu auch in Dir ab. Das bedeutet ... in einem bestimmten Lebensbereich (welcher?), mit einem bestimmten Menschen (wer ist es?), verschwendest Du übermäßig Energie – und könntest Dich fragen, welche Überzeugung es ist, die Dich dazu veranlasst. Für irgend jemanden setzt Du Deine ganze Kraft ein, ringst um seine/ihre Anerkennung, buhlst um seine/ihre Gunst. Es kann aber auch ein Projekt oder Ziel sein, das Deine Aufmerksamkeit so übermäßig in Anspruch nimmt, dass sich der Kräfteverlust negativ auf Deine Lebensqualität auswirkt.

Bestimmt hast Du schon von der Iris-Diagnostik gehört, oder von der Greenberg-Methode, die aufgrund der Beschaffenheit des menschlichen Fußes Rückschlüsse auf die Geisteshaltung der betroffenen Person zieht. Zigeuner lesen das Schicksal des Menschen von den Handlinien ab. In der chinesischen Mystik finden sich Hinweise, dass ein Blick auf das Ohrläppchen einer Person genügt, um eine Aussage über deren Charakter zu formulieren. Und ich bin davon überzeugt, dass sich die Schöpfungen meines Geistes selbstverständlich auch an meinem Auto spiegeln. Warum sollte es eine Ausnahme darstellen? Es ist immer mein Geist, der Tatsachen schafft. Deshalb ist es auch meine Geisteshaltung, die im analogen Sinn die optische Erscheinung, den Zustand und sämtliche Defekte an meinem Wagen bestimmt.

Wohnraum

Natürlich ist auch Deine Wohnung, Dein Haus oder Dein Untermietzimmer eine analoge Aussage über Dich selbst. So wie es dort aussieht, sieht es dementsprechend in Deinem Inneren aus. Besonders deutlich wird die Spiegelung, wenn Du Gemütlichkeit und Wohlbehagen in Deinem Zuhause vermisst – *weil sich dann gleichzeitig auch ein Mangel an Wohlbehagen, eine Lieblosigkeit, in Deiner Geisteshaltung befinden muss* – die Du mit der Spiegelgesetz-Methode ans Licht bringen könntest.

Immer wieder begegne ich Menschen, die sich über ihre übervollen Kleiderschränke beklagen oder sich missmutig über Gerümpelkammern, Abstellräume oder Keller äußern. Trotzdem raffen sie sich nicht dazu auf, Ordnung zu schaffen. Lieber schimpfen sie weiter und verschieben den Hausputz auf morgen oder nächstes Jahr. Wenn wir dieses Beispiel im Spiegel betrachten und auf die Geisteshaltung des/der Betroffenen ummünzen, ergibt sich folgende Aussage (zwecks leichten Verständnisses formuliere ich sie in der ICH-Form): „Aha, in meinem Bewusstsein hat sich altes Gerümpel angesammelt. Ich bin überfüllt von Geschichten, die ich nicht loslassen will. Das nervt mich tagtäglich. Trotzdem will ich mich damit nicht auseinandersetzen. Ich schiebe das lieber vor mir her, damit ich mich ärgern kann."

Übervolle Zimmer spiegeln einen übervollen Gedankenspeicher, der nach Revision lechzt. In dem Moment Dein Wohlgefühl beeinträchtigt wird, wenn Du Dich in Deinem überfüllten Zuhause aufhältst, könntest Dich fragen, was oder wen Du noch immer nicht loslassen kannst – obwohl das längst (was ist es?) oder er/sie (wer ist es?) zu Deiner Vergangenheit gehört.

Bitte sei Dir darüber bewusst, dass *jeder Gegenstand, den Du aufhebst, eine analoge Entsprechung Deiner Gedanken und Überzeugungen darstellt.* Allerdings möchte ich hier nochmals betonen, dass Du die Spiegelgesetz-Methode nur dann anwenden solltest, wenn das aktuelle Spiegelbild unangenehme Emotionen in Dir entfacht. Wenn Du Dich ärgerst, wütend wirst, neidisch oder eifersüchtig … oder wenn Dich Dein Zuhause traurig oder gar depressiv stimmt (siehe Kapitel „Emotionen").

Vorige Woche beklagte sich eine Bekannte über wiederholte Äußerungen von Freunden: „Sie sagen, meine Wohnung habe keine Ausstrahlung, keine persönliche

Note. Dabei habe ich mich bei der Möbelauswahl so sehr bemüht. Trotzdem scheint etwas zu fehlen, aber ich komme nicht drauf, was das ist. Zuerst habe ich mich geärgert, dann wurde ich wütend auf mich selbst und letzte Nacht hab ich geheult."

Ein Zuhause, das weder Behaglichkeit ausstrahlt, noch eine persönliche Note vermittelt, spiegelt vorhandenes Unbehagen sowie Un-persönlichkeit im Bewusstsein des Wohnungsinhabers. Unlustgefühle und fehlende Selbstzentriertheit lassen sich durch teure Möbelstücke leider nicht aus der Welt schaffen! Außen ändert sich nur dann etwas, wenn wir innen – in unseren Gedanken, Überzeugungen und Glaubenssätzen – anfangen. Auf das obige Beispiel bezogen, bedeutet das erstens – die ehrlichen Statements der anderen dankbar zu registrieren, weil es wertvolle Aussagen für die Anwendung der Spiegelgesetz-Methode sind (Emotionen!). Als zweiter Schritt folgen Akzeptanz und Selbstbefragung: „Aha, meiner Wohnung fehlt offensichtlich dieses bestimmte Etwas, das Charisma. Also mangelt es MIR an Charisma. Ich entscheide mich jetzt, diesen Mangel zu beheben. Ich bin dazu bereit. Damit beweise ich mir Selbstwürdigung und Liebe. Wo, wann und mit wem spiele ich eine Rolle, anstatt ehrlich zu reagieren? Wie oft sage ich Ja, anstatt Nein – oder umgekehrt? Was vernachlässige ich an mir selbst am allermeisten? Welche Überzeugung muss ich wohl haben, dass ich jene Liebe kaum oder gar nicht ausstrahle, die ich in Wahrheit bin?"

Du siehst, wie einfach es ist, vom Zustand Deiner Behausung auf Deinen seelisch-geistigen Zustand zu schließen und daraus eine Selbsterkenntnis zu gewinnen. Die Spiegelungen Deines Bewusstseins sind überall! Du ersparst Dir viel Grübelei, indem Du das anerkennst.

Es kann sein, dass Du eines Tages plötzlich den Drang verspürst, Deine Möbel umzustellen. Die Lust auf ein Umgestalten Deiner Behausung beweist, dass sich in Deiner Geisteshaltung etwas verändert hat – und zwar in einem ganz bestimmten Punkt, mit dem Du früher öfter Schwierigkeiten hattest. Das muss nichts Großartiges sein. Vielleicht gelingt es Dir zum Beispiel jetzt leichter, mit Deinem hektischen Chef zu kommunizieren ... oder es macht Dir Freude, früher aufzustehen, weil Du Dich konsequent dazu motiviert hast. Wie auch immer – es war eine neue Idee, die eine „alte" Überzeugung abgelöst hat. Diese innerliche Veränderung motiviert Dich automatisch zu neuen Handlungen, zu dementsprechenden Veränderungen im Außen. Indem Du Deine Wohnung anders einrichtest, schaffst Du Dir das adäquate Spiegelbild Deiner jetzt aktuellen seelisch-geistigen Verfassung. Wenn ich zum Beispiel um fünf Uhr morgens völlig ungeplant den Drang verspüre, meinen Kühlschrank abzutauen und ihm danach eine Generalreinigung zu schenken, freue ich mich und schreite sofort zur Tat. Du fragst mich, warum? Weil ich mir der verborgenen Botschaft bewusst bin – der Spiegelung – die für gewöhnliche Augen bloß wie eine abnorme Zwangshandlung aussehen mag. Wenn ich meinen Eiskasten säubere, sodass er in neuem Glanze erstrahlt … dann habe ich MEIN INNERES Eis – meine Kühle oder Kälte in einem ganz bestimmten Punkt – zum Schmelzen gebracht und somit besiegt. Wenn das kein Grund zur Freude ist?

Bitte denke immer daran: Es sind DEINE Ideen, DEINE Gedanken und DEINE Überzeugungen, die sich **gleichzeitig** … an Deinem Körper … an den Menschen, mit denen Du zusammen bist … an Deinem Haustier … an Deinem Auto … an Deinen Pflanzen … und in Deiner Wohnung auswirken. Alles in Deinem Leben spiegelt DICH – und deswegen ist es gleichgültig, wohin Du blickst, um DICH zu erkennen.

3. Emotionen und Gefühle

„Und was ist mit den Gefühlen? Kann man sie beeinflussen oder bin ich ihnen ausgeliefert?" Solche und ähnliche Fragen tauchen in meinen Workshops immer wieder auf. Kaum jemand, der zum ersten Mal dabei ist, glaubt, dass heftige Emotionen oder überwältigende Gefühle *Begleiterscheinungen* sind, die wir mit unseren Gedanken, unseren Überzeugungen und Glaubenssätzen selbst erzeugen. Ich behaupte, dass *Emotionen und Gefühle immer nur als Folge eines bestimmten Denkmusters auftreten* – und nicht umgekehrt. Würden es unsere Emotionen sein, die ursächlich wirken, dann hätte kaum jemand die Chance, sich selbst und sein Leben zu ändern. Als Gefangener des eigenen Zorns, der Eifersucht, des Neids, der Wut oder des Ärgers … gäbe es kein Entrinnen aus dem Teufelskreis, weil jeder Zornausbruch und jede Eifersuchts-Attacke ein neuer Schöpfungsakt für dieselbe Erfahrung wäre. Ich bekräftige nochmals: Bestimmte Gefühle begleiten bestimmte Gedanken. Oder noch treffender ausgedrückt: Wenn Du bestimmte Gedanken denkst … verursachst Du damit dementsprechende Gefühle. Wenn Du negative Überzeugungen in Deinem Denken und Glauben hegst und pflegst … erzeugst Du damit dementsprechende, *negative Gefühle.* – Ein Beispiel:

Nehmen wir an, Du hast als heutigen Tagesleitspruch *bewusst* folgende Affirmation gewählt: „Ich bin von liebevollen Menschen umgeben, die mich unterstützen."

Je öfter Du diese *wunderbare Idee* in Gedanken wiederholst, desto *wunderbarer fühlst Du Dich.* DEINE Gewissheit, gefördert und unterstützt zu werden, verschafft Dir ein WONNEGEFÜHL. Es war also DEIN positiver, freudvoller Gedanke ... der das Gefühl des Wohlbehagens in Dir erzeugt hat.

Nehmen wir an, Du hast keinen Leitspruch für heute ausgesucht. Wie immer hetzt Du ins Büro, weil Du spät dran bist. Auf der Stadtautobahn gerätst Du in einen Stau. Rundherum missmutige junge Autofahrer, die sich vor Deinen Wagen quetschen, um die schnellere Spur zu ergattern. Immer mehr spürst Du Deinen Ärger hochsteigen, der sich schließlich in einer wüsten Schimpfkanonade entlädt. „Solche Schweine! Typisch die heutige Jugend. Können alle nicht fahren! Sind alles unerzogene Egoisten!" Je öfter Du Deinen *(unbewussten) Glauben an die heutige, schlechte Jugend* herausbrüllst, desto *mieser fühlst Du Dich und desto heftigeren Emotionen bist Du ausgesetzt.* DEIN Glaube, von egoistischen, rücksichtslosen Jugendlichen umgeben zu sein, verschafft Dir ein GEFÜHLSTIEF. Es war also DEINE negative, lieblose Überzeugung über die heutige Jugend ... die für Deinen Ärger und Deine Wut verantwortlich ist.

In dem Moment Du spürst, wie unangenehme Gefühle in Dir hochsteigen, könntest Du zum Beispiel „Stopp" denken, Dir vielleicht ein Stopp-Schild vorstellen, und Dir Folgendes bewusst machen: „Aha, ich fühle mich plötzlich schlecht ... ich erzeuge selbst ein mieses

Gefühl in mir … ich muss also an einer negativen Überzeugung festhalten, die meine jetzige Situation betrifft." Wenn Du bereit bist, mit Deinen Emotionen auf solch selbstbezogene Weise umzugehen, bist Du sofort aus Deiner Opferrolle befreit.

Es ist unmöglich, ein Opfer seiner
selbstgeschaffenen (!) Gefühle zu bleiben,
wenn Du Dich als deren Schöpfer erkennst.

Fassen wir den ersten Schritt im Umgang mit negativen Emotionen zusammen:

Stopp! ICH bin es … der/die dieses Gefühl erzeugt.

Im Spiegel Deiner Emotionen erkennst Du klar und deutlich, mit welchen Bereichen Deines Wesens Du noch nicht im Reinen bist. Deswegen erwähnte ich schon mehrmals, dass sich jene Situationen für die Spiegelgesetz-Methode besonders gut eignen, die Dich stimmungsmäßig aus Deiner Mitte reißen. Die Person vor Deinen Augen … die Dich ärgert, wütend macht oder zum Weinen bringt … spiegelt Dir ein Verhalten, einen Wesenszug, den **DU** zu wenig oder gar nicht lebst. Er fehlt DIR! Weil Du aber irgendwann früher ein hartes Urteil darüber gefällt hast, kommt nur DIR diese Eigenschaft böse, schlecht, lieblos … eben negativ vor. Natürlich ist es dann kaum verwunderlich, dass Du Menschen ablehnst, die diese Eigenschaft in vollen Zügen ausleben. Begründbar wird auch, warum Du diesen Wesenszug an Dir selbst unterdrückst.

Ein Beispiel:

Karin ist Mutter eines 15jährigen Buben. Sie beklagt sich unter Tränen über seinen *frechen Ton:* „Kaum will ich etwas sagen, fällt er mir ins Wort und redet mich nieder. Nie hört er mir richtig zu. Und wenn ich ihn darauf hinweise, grinst er und hat schon die nächste lautstarke Ausrede parat. Ich halte seine Frechheiten nicht mehr aus, ich kann nicht mehr."

In diesem Beispiel haben wir es also mit dem *Spiegelbild FRECH* zu tun. Die Frechheiten ihres Sohnes entfachen heftigste Negativ-Stimmungen in Karins Gefühlswelt. Und deswegen eignet sich die Spiegelgesetz-Methode besonders gut für sie, um zu einer revolutionären Selbsterkenntnis zu gelangen: *In Karin's Bewusstsein befindet sich ein Negativ-Urteil, ein Irrtrum, der eine bestimmte Eigenschaft ihres Buben ins Schlechte verkehrt.* In Wirklichkeit spiegelt der Bursche aber einen Verhaltenskomplex, der **Karin** zur Ganzwerdung fehlt: *Wortgewandtheit und Schlagfertigkeit.* Würde Karin diese Eigenschaften in ihr Leben einbauen und somit in ihr Wesen integrieren, hätte das Spiegelbild (der Sohn) seine Funktion erfüllt.

Du siehst, ich habe denselben kleinen Trick verwendet, eine kleine Wortspielerei, auf die ich in einem der nächsten Kapitel noch genau eingehe. Ich habe bloß die Eigenschaft „FRECH" ANDERS beschrieben, indem ich mir Karin's Sohn wertfrei vorgestellt habe. Was tut er wirklich? Wie verhält er sich? Wie könnte ich sein (freches) Verhalten neutral oder positiv ausdrücken?

Solange wir unsere negativen Beurteilungen
über bestimmte Verhaltensweisen aufrecht halten,
bleibt uns das Geschenk verborgen.

Jede „negative" Eigenschaft einer anderen Person, die mich emotional auf Hochtouren bringt, ist das Spiegelbild einer Eigenschaft, die ich verurteile. Indem ich diese bestimmte Eigenschaft neutral oder positiv formuliere, hebe ich mein Urteil auf. Das Geschenk meines menschlichen Spiegelbildes dann in Empfang zu nehmen, ist kaum noch Hexerei. Ich brauche die von mir ins Positive umgewandelte Eigenschaft meines Gegenübers nur noch bewusst leben.

Ein Beispiel:

Herbert ärgert sich maßlos über den Egoismus seiner Frau: „Am Dienstag besucht sie einen Yoga-Kurs, am Mittwoch trifft sie regelmäßig ihre beste Freundin zum Quatschen, am Freitag besteht sie auf ihren stillen Abend. Da schließt sie sogar die Tür zu ihrem Zimmer ab! Ich darf froh sein, wenn wir mal am Wochenende gemeinsam ins Grüne fahren! Da pfeife ich bald drauf. Und wenn ich sie auf ihr egoistisches Wesen anspreche, behauptet sie, ich spinne!"

Das *Spiegelbild EGOISMUS* liegt in diesem Beispiel auf der Hand. „Egoistische" Personen sind deswegen in Herbert's Augen böse, weil sich ein aufgrund einer vergangenen, bösen Erfahrung in Herbert's Bewusstsein der Glaube eingenistet hat, dass *selbstbewusste Menschen, die wissen, was sie wollen, was ihnen gut tut und das auch tun (!),* schlecht und lieblos sind. Herbert will aber weder böse, noch schlecht, noch lieblos sein … deswegen tut er alles Erdenkliche, um nicht als Egoist zu gelten: Er passt sich an. Er sagt Ja, obwohl er Nein meint. Seinen besten Freund hat er Jahre nicht mehr gesehen und mit dem Kegeln hat er seiner Frau zuliebe aufgehört. Inmitten seines Gefühlstiefs fordere ich Herbert auf, das Spiegelgesetz plus Wortspiel anzuwenden. Nach ein paar Minuten gelingt es ihm, die Eigenschaft „Egoismus" ANDERS zu interpretieren. Ich habe seine Formulierung ein paar Zeilen früher schon vorweg genommen, wiederhole sie aber nochmals: In Wahrheit zeigt sich ein „Egoist" selbstbewusst, willensstark, tatkräftig und für die eigenen Bedürfnisse sorgend. Als mein Klient DIESE (neutrale, positive) Beschreibung seines Spiegelbildes (Ehefrau) ausspricht, huscht sofort ein Lächeln über sein Gesicht: „Genau!" ruft er. „Genau das fehlt mir. Eigentlich müsste ich meiner Frau danken, nicht wahr? Durch ihr („egoistisches") Verhalten wurde mir MEIN Mangel bewusst." Und jetzt bin ich es, die „Ganz genau!" sagt.

In dem Moment Herbert Willensstärke und Tatkraft beweist, sowie für seine Bedürfnisse sorgt (z.B. Freund treffen, kegeln) hat er die verborgene Botschaft seines Gegenübers – das Geschenk seines Spiegelbildes – angenommen. Damit hat es seine Funktion erfüllt und es kann durchaus geschehen, dass sich Herbert's Gattin infolgedessen als völlig anderes, weibliches Wesen entpuppt.

Wie gibt nun jemand ein negatives Urteil auf, das sich über Jahre, wenn nicht Jahrzehnte seinen Platz im Denken des Betroffenen behauptet hat? Im nächsten Kapitel „Methode in vier Schritten" erfährst Du, wie einfach das ist. Um unser Beispiel abzuschließen, möchte ich jedoch kurz vorgreifen.

Herbert's <u>erster Schritt</u> war, sich bewusst zu machen: „Stopp! ICH bin es, der meinen Ärger selbst erzeugt. Mir reicht es, ich will mich verändern."

<u>Zweiter Schritt:</u>
„Ich muss in meinem Geist eine negative Überzeugung (eine Verurteilung) hegen und pflegen, die einen bestimmten Wesenszug (Egoismus) meiner Frau ins Schlechte verkehrt. Was genau denke ich über Menschen mit dieser Eigenschaft? Ich denke: Es sind böse Menschen, die keiner mag."

<u>Dritter Schritt:</u>
Ich gebe diese negative Überzeugung jetzt *bewusst* auf, indem ich mein Urteil „Egoisten sind böse" auf eine Karte schreibe und diese als symbolische Hand-

lung verbrenne. Danach spiele ich mit Worten. Ich versuche, „egoistische" Personen anders zu beschreiben, indem ich mir vorstelle, was sie in Wirklichkeit tun: Solche Menschen wissen, was sie wollen. Sie tun, was sie für richtig finden und sorgen selbst für Befriedigung ihrer Bedürfnisse. Aha – DAS (!) ist es, was ICH leben soll. Danke für diese Erkenntnis durch die Spiegelung meiner Frau.

Vierter Schritt:
Um Tatkraft, Selbstbewusstheit, Willensstärke und Achtung vor meinen Bedürfnissen in meinem Leben ab jetzt zu verwirklichen, gebe ich mir eine Stütze, eine wunderbare Idee, einen Leitgedanken, den ich ab jetzt *bewusst* in meinem Geist bewahre:

„Ich bewundere mich als tatkräftigen, willensstarken Mann. Für die Erfüllung meiner Bedürfnisse sorge ich jetzt selbst."

Ärger, Zorn, Wut, Eifersucht, Neid … ändern nichts! Das einzige, das eine tatsächliche Verwandlung Deiner selbst in die Wege leitet, sind neue, positive Ideen. Erinnerst Du Dich, was im ersten Kapitel steht? Die Ursache für alles Konkrete in Deinem Leben ist IMMER in Deinem Geist zu finden. Ebenso die Ursache für Deine negativsten Gefühle. Es ist DEINE eigene Negativität , die sie hervorbringt. Also bist DU es, der/die sich das selbst antut. Es wird so viel über Selbstliebe und Selbstachtung geredet … nur, hast Du Dir schon einmal überlegt, dass Du zuallererst mit Deiner Selbstzerfleischung aufhören musst, um von Selbstliebe sprechen zu können? Sich ständig aufzuregen, eifersüchtig zu sein, wütend, depressiv oder neidisch, halte ich für Selbstquälerei. Du bist aber auf der Welt, um glücklich zu sein – nicht, um zu leiden. Bitte glaube mir. Gott hat mit Deinen Selbstgeißelungen nichts zu tun, das tust DU Dir an! Es gibt einen Weg heraus aus diesem Teufelskreis: Die Spiegelgesetz-Methode, den königlichen Weg der Erkenntnis.

Viele Menschen glauben immer noch, dass durch Leid gewonnene Erkenntnisse mehr wert sind. Ich widerspreche aus tiefstem Herzen, weil ich der Ansicht bin, dass wir alle genug gelitten haben und weil mir bewusst ist, dass Gott mich liebt und mir daher dieselbe Macht zugesteht, wie sich selbst. Gott und ich sind eins – und wir wollen Gesundheit, Freude, Glückseligkeit und Wohlstand für alle Menschen.

Emotionen und Gefühle sind Regungen Deiner Seele. DU als Geistwesen kannst Deiner Seele helfen, nur noch Glücksgefühle zu entwickeln. Indem Du Dir ein für alle Mal klar machst, dass eine negative Gefühlsaufwallung eine dementsprechend negative Überzeugung von DIR begleitet. Wenn Du diese Überzeugung laut aussprichst und Dich dann bewusst von ihr verabschiedest, hilfst Du Deiner Seele mehr, als Du wahrscheinlich vermutest. Mit jedem negativen Gedanken, den Du für immer aufgibst, schaffst Du Platz in Deinem Bewusstsein und somit immer mehr Freiheit für glückbringende Ideen. Die wirkliche Ursache für Deinen Hass, Deinen Neid, Deine Wut usw. liegt in Deiner Geisteshaltung, in Deiner „Entweder-Oder"-Einstellung. Und diese gilt es, zu verändern, damit Deine Seele vor lauter Freude Purzelbäume schlägt.

4. Methode in vier Schritten

Die Spiegelgesetz-Methode kannst Du immer und überall anwenden, sofort an Ort und Stelle. Du brauchst dazu keine besonderen Vorkenntnisse. Papier und Schreibstift können Dir jedoch nützlich sein, bis Dir die 4-Schritte-Methode so allgegenwärtig ist, wie Dein Name und Dein Geburtsdatum. Gleichgültig, mit welchem Spiegelbild (eine Person, eine Situation, ein Symptom, ein Autoschaden, Deine räumliche Umgebung, Dein Haustier und ähnliches) Du derzeit konfrontiert bist, kannst Du auf einfachste Weise in wenigen Minuten zur WIRKLICHEN Botschaft Deines Spiegelbildes – zur Erkenntnis – finden.

Mein Gegenüber bietet mir immer zwei Chancen:
1. Eine Eigenschaft (Stärke) von MIR zu erkennen!
2. Mein liebloses Urteil dagegen (mein Verbot) aufzuheben!

Wir sind es gewohnt, Situationen bis ins kleinste Detail zu analysieren. Haben wir es mit unguten Zeitgenossen zu tun, versuchen wir *deren* Handlungsweise zu verstehen, anstatt unsere! Die Anwendung der Spiegelgesetz-Methode setzt voraus, dass Du NUR Beobachter/in bist. Beurteilen, erklären, analysieren oder verstehen halte ich für unnötig. Du schaust Dir bloß das aktuelle Spiegelbild an und stellst fest: „Aha, das habe ICH geschaffen."

Solange ich irgendwo Menschen mit negativen Eigenschaften erblicke, stufe ICH eben diese Eigenschaften an MIR als schlecht, unwürdig oder böse ein – anstatt deren Liebesbotschaft zu begreifen. Noch einmal – mein Gegenüber spiegelt mir MEINE Stärken und gleichzeitig MEIN hartes Urteil dagegen! Nur weil **ICH** bestimmte Wesenszüge an mir selbst abwerte, werden mir genau diese Wesenszüge – meine Stärken (!) – in negativer Ausdrucksform gespiegelt. Es ist immer nur mein eigenes NEIN ZU MIR in einem bestimmten Punkt, das ein dementsprechend negatives Spiegelbild in meinem Leben hervorbringt. Ein Beispiel:

Wenn ICH mein Aussehen von ganzem Herzen bejahe, dann ist es unmöglich, dass mir irgend ein Mensch auf der ganzen Welt hässlich vorkommt. Und umgekehrt: Solange ich irgendwo hässliche Männer oder Frauen erblicke und mich darüber mokiere, lehne **ICH** meine äußere Erscheinung ab – anstatt mich O. K. zu finden! (Mögliche negative Glaubenssatze: *Nur schlanke Frauen sind begehrenswert. Nur große Männer haben bei Frauen Erfolg.* Oder Ähnliches.)

Mein Gegenüber spiegelt mir,
was ICH mir aufgrund eines negativen Glaubens-
satzes verbiete.

Vor vielen Jahren war ich Teilnehmerin in einem Mentaltraining-Seminar. Ich erinnere mich noch gut an die Worte des Vortragenden: „Christa, Du bist immer bei den anderen." Was er damit meinte, war mir damals fremd. Heute ist mir die Bedeutung dieses lebensverändernden Satzes klar: Wenn wir nur die Handlungsweise anderer bewerten, entschuldigen oder verstehen wollen, verlieren wir UNS SELBST aus den Augen und nichts Gravierendes wird sich in unserem Leben verändern. Warum? Weil die eigene Geistesverfassung DIESELBE bleibt, wenn wir uns nur auf andere konzentrieren. Hast Du schon einmal nachgerechnet, wieviele Stunden Du damit verbringst, über andere Personen nachzugrübeln, anstatt über DICH? Würdest Du nur die Hälfte der Zeit dafür aufbringen, **DEINE** negativen Glaubenssätze zu formulieren, sie auszusprechen, aufzuschreiben und dann zu verbrennen, wäre Dein Leben in kürzester Zeit das Paradies auf Erden. Die 4-Schritte-Methode fordert Dich auf, den Weg der Erkenntnis zu wählen und damit die Funktion zu erfüllen, die Gott Dir verliehen hat: Schöpfer eines wunderbaren, einzigartigen Lebens zu sein.

Die 4-Schritte-Methode verlangt von Dir nur die Bereitschaft, Verantwortung für Dich selbst sowie für die Gestaltung Deines Lebens zu übernehmen.

Die Spiegelgesetz-Methode in vier Schritten

Schritt 1 – Beschreiben

Beschreibe in 2, 3 Sätzen die Person, das Ding oder die Situation vor Deinen Augen, die unangenehme Gefühle in Dir entfacht.

Schritt 2 – Verantwortung übernehmen (= Akzeptieren) und Entschlüsseln

Schreibe es auf oder sprich laut: „Ich akzeptiere jetzt das Gegebene und übernehme die Verantwortung dafür. Ich bin es selbst, der/die das hervorgerufen hat." Finde die verborgene Botschaft (Dein Geschenk). Handelt es sich um eine Person mit „negativen" Eigenschaften, verwende die kleine Wortspielerei (siehe Anhang). Ansonsten empfehle ich Dir den Schlüssel „Es" (Auto, Tier, Wohnung, Ding usw.) in Deiner Beschreibung einfach durch ICH zu ersetzen und anschließend wiederum das Wortspiel. Nun formuliere Deine negative Bewertung, Deinen geistigen Irrtum, Deine Lieblosigkeit Dir selbst gegenüber zur beschriebenen und bereits entschlüsselten Situation. Schreibe Dein Negativ-Urteil auf eine Karte.

Schritt 3 – Danken und Aufgeben

Gehe noch ein letztes Mal gedanklich zurück und sieh Dich unglücklich in verschiedenen Szenen, in welche Du Dich selbst aufgrund Deines lieblosen Glaubenssatzes gebracht hattest. Triff nun eine liebevolle Entscheidung: „Ich gebe meinen Irrtum (= meinen negativen Glaubenssatz) jetzt auf." Verabschiede Dich und verbrenne die Karte. Ich empfehle Dir, folgende Worte mit der ganzen Liebe Deines Herzens auszusprechen, oder Dein eigenes Gebet dafür zu finden:

Mit Gottes Hilfe erkannte ich jetzt,
was ich an mir und anderen Menschen
als böse oder schlecht verurteilt habe.
Dafür danke ich von ganzem Herzen.
Ich verzeihe mir jetzt,
dass ich in genau diesem Punkt lieblos zu mir selbst
und zu anderen Menschen war.
Ich bitte den heiligen Geist um Beistand und Hilfe,
wenn ich meinen Irrglauben jetzt aufgebe.

Schritt 4 – Neue Idee

Wo vorher ein liebloser Glaubenssatz beheimatet war,
ist jetzt ein Vakuum. Du kannst Dir Dein Bewusstsein
durchaus als riesengroße Kugel vorstellen, die mit aber-
tausend bunten Kugeln vollgefüllt ist. Jede kleine Kugel
entspricht einer Überzeugung von Dir. EINE davon, eine
grau-schwarze, hast Du soeben ans Licht gebracht. Es ist
ein freier Platz dort entstanden, wo ehemals ein dunkler
Bereich festsaß. An diese Stelle pflanzt Du jetzt als
Schöpfer eines freudvollen Lebens eine neue Idee. Einen
Leitspruch, der Dein Herz berührt! Bewahre ihn als
kostbaren Schatz in Deinem Geist, indem Du ihn so oft
wie möglich wiederholst. Deine neu geborene Idee wird
auf diese Weise zu einer neuen Überzeugung und somit
zu einem Glaubenssatz, der die Liebe bestätigt.
Schreibe Deinen Leitspruch auf ein Kärtchen oder ein
Foto, das Du bei Dir trägst.

BEISPIEL:

Schritt 1 – Beschreiben

Karin Sch.: Ich bin Leiterin der Stadtapotheke. Meine Angestellte, Frau M. kommt ständig zu spät. Sie ist fürchterlich *unpünktlich*. Außerdem trödelt sie herum. Die Kunden warten auf die Zubereitung von Salben und Tinkturen bis zu vier Stunden. Frau M. ist *extrem langsam*. Und mich bringt das auf die Palme.

Schritt 2 – Verantwortung übernehmen und Entschlüsseln

Ich, Karin Sch., akzeptiere jetzt diese Situation voll und ganz. Ich war es selbst, die Frau M. angezogen hat, weil ich an einem lieblosen Glaubenssatz über die Eigenschaften *unpünktlich* und *extrem langsam* festhalte.
Ich verwende jetzt das Wortspiel und beschreibe die mir gespiegelten „negativen" Eigenschaften anders, weil ich die wahre Botschaft begreifen will. „Unpünktliche" Menschen richten sich stets nach ihrer eigenen inneren Uhr, sie handeln nach ihrem eigenen Zeitbegriff. „Extrem langsame" Personen gönnen sich ebenfalls viel Zeit für das, was sie tun. Sie handeln mit Bedacht und Vorsicht. DAS ist also die Botschaft für mich. ICH soll mich auf meine innere Uhr einstellen … ICH soll mir Zeit gönnen … ICH soll bedächtig und vorsichtig handeln … !

Ich gebe jetzt meinen negativen Glaubenssatz gegen diese Eigenschaften auf. Ich dachte immer, Frauen mit diesen Eigenschaften sind als Führungskräfte wertlos. Ich dachte, niemand würde mich als Chefin der Apotheke akzeptieren, wenn ich mir Zeit lasse. Ich schreibe meine negative Überzeugung auf eine Karte:

Vorsichtige, langsame, bedächtige Frauen sind in leitenden Positionen wertlos.

Schritt 3 – Danken und Aufgeben

Danke, dass ich mit Gottes Hilfe meine negative Einstellung in besagtem Punkt gefunden habe. Ich blicke noch ein letztes Mal zurück, um zu sehen, wie sehr ich mir mit diesem Glaubenssatz geschadet habe. Ich war nur noch im Stress, hatte kaum noch Zeit für mein Privatleben und meine Hobbies. Mein Bedürfnis nach Erholung und Ausspannen blieb auch auf der Strecke. Ich gebe meinen geistigen Irrtum jetzt auf, als Zeichen der Wertschätzung meiner selbst und verbrenne dankbar und aus freiem Entschluss die Karte.

Schritt 4 – Neue Idee

Ich wähle jetzt für mich den Leitspruch: „Ich genieße mein langsam-bedächtiges Handeln als Führungskraft." Fühle mich sehr wohl damit!

5. Gott finden

Möge Dich dieses Kapitel aufrufen, den LIEBEN, GÜTIGEN und WEISEN Gott in Dir zu finden. Wir alle haben unsere eigene Vorstellung von Gott. Manche Menschen glauben immer noch, Gott sei eine Wesenheit, die hoch oben in den Wolken thront und kontrollierend auf sie herabschaut. Im schlimmsten Fall regiert die Angst vor einem übermächtigen Gott, der nur darauf lauert, jeden kleinsten Fehler zu bestrafen und den Betroffenen als unwürdig für alles Schöne und Gute zu erklären. Andere bezeichnen Gott als reinste, allgegenwärtige Liebesenergie. Meine beste Freundin sieht das ganze Universum als vollkommenen Ausdruck Gottes. Sie meint, dass Gott sich in jeder Erscheinungsform verwirklicht. Kalt und warm, böse und gut, schwarz und weiß … sind Ausdruck ein und desselben, je nachdem wie WIR die Sache beurteilen. Wer sich vor Gott fürchtet, der ängstigt sich in Wirklichkeit vor seinen eigenen Taten – oder vor seinem Nichts-Tun. Jeder von uns hat Gott in sich. Und jetzt kommt es darauf an, ob wir den liebevollen Gott in uns anerkennen, oder ob wir dem strafenden Gott in uns gehorchen. Gleichgültig, wie wir uns entscheiden, bleibt es dennoch eine Tatsache, dass wir uns ein und derselben Geistesmacht bedienen, welche imstande ist, Tatsachen in unserem Leben zu schaffen. Richten wir uns nach den Anweisungen vom LIEBEN Gott, dann muss unser Leben ein liebevolles Kunstwerk darstellen. Halten wir uns an die Richtlinien des kalten, hartherzigen, bestrafenden Gottes – den es in Wirklichkeit ja gar nicht gibt – wird unser Leben auch davon ein Spiegelbild sein: Wir fühlen uns ständig kontrolliert. Wir fürchten uns entsetzlich davor, Fehler zu machen. Wir werden krank. Die Angst vor einer angeblichen Bestrafung Gottes führt zu einer immensen Unsicherheit. Wir ziehen uns zurück, treffen kaum noch Entscheidungen und resignieren. Natürlich spiegeln in diesem Fall auch unsere Lebensumstände die Angst vor Gott. Nichts klappt. Unser Konto zeigt einen Minusstand. Wir arbeiten lustlos, haben kaum Freunde. Unser Liebesleben sinkt auf den Nullpunkt und in unserem Zuhause fühlen wir uns auch nicht wohl. Aber – dafür kann der LIEBE Gott nichts! Das tun WIR uns an. Weil in UNSERER Geisteshaltung die Überzeugung dominiert, dass Gott streng, hart und lieblos ist. DAS ist der Irrtum! Doch das Erfreuliche daran ist, dass wir jeden Irrtum durch Bewusstmachen ans Licht bringen können, um uns dann ein für alle Mal davon zu verabschieden.

Für mich ist Gott mein größtes Potential. Ich bin mir darüber bewusst, dass Gott die höchste, liebevollste und weiseste Intelligenz in meinem Geist ist. Gott ist jener Teil von mir, der alles MIT Liebe sehen kann. Mich selbst, die Menschen in meinem Umkreis und die Ereignisse in meinem Leben. Ich kenne nur einen LIEBEN Gott. Früher war das anders. Ich weiß, was es bedeutet, kein Selbstwertgefühl als Frau zu besitzen und ich habe auch Bestrafungen in vielen Varianten erlebt. Aber ich habe niemals aufgehört, den GÜTIGEN, WEISEN, lieben Gott in mir zu suchen. Leid kommt nicht von Gott, sondern von mir selbst. Ich erinnere mich noch genau an den Tag, als ich folgende Überzeugung von mir auf ein Kärtchen schrieb und es dann verbrannte: *Ich gebe jetzt mein Bedürfnis nach Kummer, Leid und Schmerzen auf – weil ich mich liebe, weil ich mich achte und weil ich würdig bin für das Schöne und Gute.*

Ich bitte Dich, Dein eigenes Gebet dafür zu finden. Gott versteht Dich auf jeden Fall. Es genügt, wenn Du vor Dir selbst kundtust, dass Du ab jetzt dem LIEBEN Gott in Dir gehorchst. Um das Spiegelgesetz in seiner Tragweite zu begreifen, kommst Du nicht umhin, Deine Schattenseiten zu entlarven. Das sind diejenigen, die Du an anderen Menschen ablehnst. Diese Ablehnung ist eine Folge Deines falschen Gottesbildes. Wenn Du die Liebe in Deinem Geist zur Maxime erhebst, muss Dein Leben ein Spiegelbild davon werden. Darin gibt es weder Feinde, noch Fremde … sondern nur Menschen, die Dir entsprechen. Wenn DU den lieben Gott in Dir Regie führen lässt, anstatt der Illusion eines lieblosen, strafenden Gottes zu folgen, bist Du frei. Gott ist kein Wesen außerhalb von Dir – sondern Du bist eins mit Gott. Alle freudvollen, fröhlichen, liebevollen Gedanken, die Du denkst, kommen von dort. Alle lieblosen, traurigen, lustlosen, selbstquälerischen Gedanken resultieren aus vergangenen bösen Erfahrungen, die Du Dir aufgrund eines falschen Gottesbildes selbst zugefügt hast. Bitte erinnere Dich: Sämtliche Erfahrungen, die Du machst, erschaffst Du selbst! Die Ursache jeder Erfahrung ist in DEINER liebevollen oder lieblosen Geisteshaltung zu finden. Glaubst Du immer noch, Du hättest zu wenig gelitten? Denkst Du etwa, Du würdest Dir das Paradies verdienen, indem Du Dir noch mehr Kummer zufügst? Ich habe es schon mehrmals erwähnt: Der liebe Gott hat mit Deinen Selbstgeißelungen nichts zu tun. Aus einem unerfindlichen Grund tust DU Dir das an. Ich bitte Dich jetzt, damit aufzuhören. Gott will nur eines: Dass Du glücklich bist und Dich selbst von ganzem Herzen umarmst. Wenn DU Dich wertschätzt, dann schätzt Du auch Deine Mitmenschen. Wenn DU Dich achtest, dann wirst Du geachtet und selbstverständlich hast Du dann auch Achtung vor den anderen. Alles, was DU in Deinem Bewusstsein bejahst, wird für Dich Realität. Kann es dann noch schwierig sein, Liebe, Güte, Verständnis, Frieden, Weisheit, Zärtlichkeit, Sanftmut und Vergebung zu bejahen? All das muss zu Deiner Realität werden, wenn Du diese Begriffe nicht nur so dahin sagst, sondern auch meinst.

Vor ein paar Jahren habe ich folgenden Entschluss gefasst: *Ich entscheide mich immer für Frieden.* Und deswegen lebe ich seither in einer friedlichen Welt und spüre wohltuenden Frieden in mir, ganz gleich, was geschieht. Ich habe meinen Geist bewusst auf Frieden eingestellt – mir zuliebe. Denn wem nützt es, wenn ich wegen meiner eigenen Fehlschöpfungen hadere oder darunter leide? Würde ich das tun, dann hätte ich den LIEBEN Gott in mir vergessen. Mit jedem unangenehmen Erlebnis, das ich mir aufgrund meiner negativen Überzeugungen selbst (!) zufüge, würde ich mir doch beweisen, dass ich mich weder wertschätze, noch achte und schon gar nicht liebe. Ich gebe zu, es war erschütternd, als mir zum ersten Mal glasklar bewusst wurde, dass ich meine Geisteshaltung in vielen Punkten auf eine harte, einschränkende, strafende Instanz ausgerichtet hatte. Genauso sah mein Leben aus. Überdiszipliniert erledigte ich meine Pflichten. Hart ging ich mit mir selbst ins Gericht. Ich bestrafte mich für jede kleinste Übertretung meiner selbst konstruierten Lebensregeln, indem ich mir zum Beispiel mitten in der Nacht mein Haar ganz kurz schnitt, obwohl mir das überhaupt nicht gefiel. Natürlich wirkte sich mein negatives Gottesbild auch auf mein Familienleben aus. Mein Sohn war damals noch ein Junge im Volksschulalter. Er bekam meine Härte oft zu spüren, wenn er seine Pflichten nicht überperfekt erfüllte.

In vielen Spiegelgesetz-Workshops kristallisierte sich unter den Teilnehmern ein negativer Urgedanke heraus, der sich in verschiedensten Formen präsentierte: „Ich habe Angst, nicht geliebt zu werden." Mit anderen Worten ausgedrückt, hört sich dieser Fehlglaube so an: „Für mich ist Gott ein liebloses Monstrum, das nur darauf aus ist, mir zu schaden." Oder noch prägnanter: „Ich gehorche einer lieblosen Macht in mir, anstatt der

Liebe." Nachdem der *liebe* Gott aber in jeder Erscheinungsform des Universums präsent ist, lässt sich dieser Urgedanke augenblicklich als falsch entlarven. Das bedeutet: Wenn Du die Welt als bösen Ort erlebst und in Deinen Mitmenschen Feinde siehst ... dann folgst DU einem falschen Glauben. DU bist es, der von Gottes Lieblosigkeit überzeugt ist. DU bist es, der Härte, Strenge und Bestrafen für richtig hält. Also kann es gar nicht anders sein, als dass sich Dein Verhalten, Deine körperliche Verfassung und Deine Lebensumstände als Spiegelbild dieses negativen Urgedankens zeigt. Du solltest aber nicht den lieben Gott dafür verantwortlich machen, wenn es Dir schlecht geht. Du könntest Dir statt dessen bewusst werden, wie **DU** (negativ) denkst und woran **DU** (fälschlicherweise) glaubst. Mit der Vier-Schritte-Methode gelingt Dir das sofort und ganz leicht.

Vielleicht war Dir bis jetzt noch nicht klar, dass Du ununterbrochen die Arbeit eines Schöpfers tust. Tausende (negative) Gedanken beschäftigen Dich. Unzählige (lieblose) Überzeugungen wiederholst Du tagtäglich in Deinem Geist. Und dann ärgerst Du Dich, wenn die dementsprechenden Ereignisse eintreffen? DU bist der/diejenige, der dafür verantwortlich ist, weil es DEINE Geisteshaltung ist, die sich in Deinem Leben verwirklicht. Und deshalb fordere ich Dich jetzt auf, Dein liebloses Gottesbild zu revidieren. Gott ist jene Instanz in Dir, der Du gehorchst. Was DU zur Lebensmaxime erhebst, wird für Dich Wirklichkeit. Kann es dann noch schwierig sein, Frieden, Liebe, Sanftmut, Wohlstand, Güte und Vertrauen an die erste Stelle zu setzen und danach zu handeln? Sei ein würdiger Vertreter des lieben Gottes. Dann wird sich in Deinem Leben sehr bald das Paradies auf Erden spiegeln.

ANHANG

Wortspiel

In der linken Spalte findest Du Eigenschaften in ihrer negativen Ausdrucksform. In der rechten kannst Du Dich über die Liebesbotschaft dieser Eigenschaften informieren, die Du nur dann erkennst, wenn **DU** Deine negativen Urteile aufgibst und statt dessen mit liebevollen Augen hinschaust.

Negativ	Positiv (Liebesbotschaft)
aggressiv	kraftvoll, männlich
ängstlich	vorsichtig, bedacht
arrogant	selbstsicher
aufdringlich	hartnäckig, durchsetzungskräftig
befehlend	anweisend, lenkend, führend
belehrend	richtungsweisend
berechnend	vorausblickend, vorsichtig
besitzergreifend	wertschätzend
besserwisserisch	intelligent, gescheit
bindungsunfähig	freiheitsliebend, authentisch
blöd	unschuldig, Weisheit des Narren
böse	einzigartig, individuell, steht voll zu sich
brutal	leidenschaftlich, kraftvoll, direkt

demütigend	lebt seine Größe, erhöht sich selbst
depressiv	traurig zeigen, dazu stehen
derb	echt, einfach, natürlich
desinteressiert	bei sich sein
dick	weich, abgerundet
dominant	hervorragend, auffällig
dumm	eigener Maßstab, eigenes Zeitempfinden, eigene Normen
egoistisch	selbstwürdigend, stellt sich selbst in den Mittelpunkt seines Lebens
eifersüchtig	anteilnehmend, besonders interessiert
ekelhaft	herausfordernd, konfliktbereit
fad	langsam, ruhig, zentriert
farblos	bescheiden
faul	entspannt, ruhebedürftig, Bedürfnisse gehen vor Pflichten
feige	überlegt, vorsichtig, sorgsam
fett (sehr dick)	wohlbeleibt, rund, weich
frech	wortgewandt, schlagfertig

fremdbestimmt	auf Gott vertrauend
frigide	seelenverträumt
gedankenlos	verträumt, unschuldig
gefühlskalt	sachlich
geil	lustvoll
geizig	sorgt gut für sich selbst
geldgierig	wohlhabend, reich
gemein	selbstsicher, willensstark
genussunfähig	Freude am Wesentlichen
gierig	bedürftig nach …
gleichgültig	bewertet nicht, beobachtet
grausam	durchgreifend
grauslich	fremdartig, ungewohnt, neu
grob	sehr stark
habgierig	nimmt Fülle an, kostet die Fülle aus
hart	konsequent
hasserfüllt	großes Gefühlspotential, Unterscheidungsvermögen
hässlich	markant, einzigartig
heimtückisch	clever
hektisch	lebensfroh, schnell

heuchlerisch	mit Freundlichkeit zum Ziel, schauspielerisches Talent
hilflos	schutzbedürftig
hinterhältig	diplomatisch
impotent	Körper nicht im Vordergrund, seelenverträumt
irre	andere Sichtweise, erweitertes Bewusstsein
jähzornig	gefühlsstark im Ausdruck
kalt	sachlich, vorsichtig
klammernd	bindungsfähig, nähebedürftig
knausrig	sparsam
kontrollierend	fürsorglich
kritisch	abwägend, eigene Meinungsbildung
lasch	sanft, langsam
lästig	lebendig, quirlig
leidend	deutliche Gefühlsäußerung
liederlich	leichtfüßig, locker
linkisch	kindlich, unbedarft
maßregelnd	mitverantwortlich, mitfühlend, sorgsam
nachtragend	gutes Gedächtnis, beharrlich

neidisch	nach Fülle strebend, sucht Erfüllung
oberflächlich	leicht, locker, einfach
ordinär	einfach, authentisch, ehrlich
penetrant	kann gut auf sich aufmerksam machen
pervers	phantasievoll, vielseitig, kreativ
plattwalzend	stärker als alles andere
präpotent	auffällig, durchsetzungskräftig
primitiv	einfach, echt, natürlich
provokant	herausfordernd, konfliktbereit
redefaul	in sich ruhend, beobachtend
roh	echt, naturbelassen
sarkastisch	treffsichere Ausdrucksweise
schlampig	setzt Prioritäten, was wichtig ist und was nicht
schlimm	ideenreich, lebenslustig
schmarotzerisch	lebenstüchtig
schmutzig	echt, innere Werte zählen
schulmeisternd	gescheit, helfend, bereichernd
schwammig	weich
selbstherrlich	liebt seine Einzigartigkeit

stinkend	naturbelassen, menschlich
streitsüchtig	kommunikationsfähig, konfliktbereit
stur	beharrlich, geht konsequent seinen Weg
süchtig	genussfähig
tätowiert	geschmückt, schön
teilnahmslos	selbstzentriert
tödlich	erlösend
träge	langsam, still, ruhig
tyrannisch	führungskräftig
überheblich	selbstwertschätzend
überrumpelnd	überzeugend
überstülpend	beschützend
unartig	erfinderisch, lebendig
unentschlossen	bedacht, vorsichtig
unfolgsam	kann gut nein sagen, selbstsicher
ungeduldig	schnell, spontan, dynamisch
ungepflegt	natürlich, echt
ungerecht	eigenes Wertsystem, lebt danach
unmännlich	sanft
unpünktlich	eigener Zeitbegriff, handelt danach

unrealistisch	visionär, kreativ, phantasievoll
unruhig	lebhaft
unterschwellig	suggestive Begabung
unverantwortlich	lebt nach seinen eigenen Richtlinien
unweiblich	stark
vereinnahmend	beschützend
verlogen	kreativ, phantasievoll, rücksichtnehmend
verrückt	phantasievoll, kreativ
voreingenommen	eigene Meinungsbildung, ist überzeugt davon
zerstörerisch	lebenswillig
zweckorientiert	hingebungsvoll
zynisch	wortgewandt, intelligent

Kontakt-Adresse

Wenn Du mit der Autorin Kontakt aufnehmen möchtest, wende Dich bitte an den Verlag www.ennsthaler.at besuche ihre Homepage im Internet http://members.vienna.at/Koessner schreibe ein e-Mail an ckhappy@vienna.at oder eine Karte an Postfach 33, A-1024 Wien.